北京宣传文化引导基金资助项目

运河上的京津冀

李建臣 主编
陈喜波 主笔

首都经济贸易大学出版社
Capital University of Economics and Business Press
·北京·

图书在版编目（CIP）数据

运河上的京津冀 / 李建臣主编 . -- 北京：首都经济贸易大学出版社，2023.12
　ISBN 978-7-5638-3551-5

　Ⅰ.①运⋯　Ⅱ.①李⋯　Ⅲ.①大运河—文化史—华北地区—文集　Ⅳ.① K928.42-53

中国国家版本馆 CIP 数据核字（2023）第 130397 号

运河上的京津冀
李建臣　主编　陈喜波　主笔
YUNHE SHANG DE JINGJINJI

责任编辑	王玉荣
封面设计	傅释墨
出版发行	首都经济贸易大学出版社
地　　址	北京市朝阳区红庙（邮编100026）
电　　话	（010）65976483　65065761　65071505（传真）
网　　址	http://www.sjmcb.com
E - mail	publish@cueb.edu.cn
经　　销	全国新华书店
照　　排	北京砚祥志远激光照排技术有限公司
印　　刷	唐山玺诚印务有限公司
成品尺寸	170 毫米 ×240 毫米　1/16
字　　数	190 千字
印　　张	13.25
版　　次	2023 年 12 月第 1 版　2023 年 12 月第 1 次印刷
书　　号	ISBN 978-7-5638-3551-5
定　　价	96.00 元

图书印装若有质量问题，本社负责调换
版权所有　侵权必究

本书项目成员

（以姓氏拼音为序）

顾　问：秦艳华　王　秋

策　划：胡银芳　杨　玲

题　字：王登平

主　编：李建臣

主　笔：陈喜波

编　委：郝卫群　澹台瑞芳
　　　　王玉荣　徐燕萍

序　　言

河是文化之母，水是生命之源。

大自然江河湖泊，是高级动物的生命线，也是人类文明的起点。苏美尔文明诞生在两河流域；古埃及文明诞生在尼罗河三角洲；古印度文明诞生在印度河恒河两岸；黄河长江则是中华民族的母亲河。

进入农耕文明时代，当自然河流不敷使用时，人们便开始掘土挖沟，对自然河流进行改造，引水灌溉、防旱排涝。随着城市出现，人口密度增大，公共用水问题凸显，水网便成为必不可少的支撑。北京人常说"先有莲花池，后有北京城"，指的就是三千多年前，古蓟城主要依赖永定河及疏导永定河水形成的莲花池。西周初年，周公旦在伊洛盆地修建成周城。作为配套工程，乃于城西开渠，引洛水北上，绕城而东，纳谷瀍二水，至偃师复注洛水，使成周城居于运河环抱之中。运河不仅解决城市用水问题，还可成为拱卫城市的重要防线。

随着生产力水平提高、人们活动范围扩大、物资流通需求增强，水上运输越来越受到重视。特别是对于大规模远途运输来说，水运不仅平稳、安全、舒适，而且效率是陆路的十倍百倍。所以历代君王为实现自己的最高目标或最大利益，如征伐、漕运等，常常利用举国体制，围绕京城大规模开凿运河。从某种意义上说，运河史几乎伴随整个人类农耕文明发展史。

中华大地农耕文明出现早、规模大、持续时间长，所以运河文化丰富多彩。有据可考的运河数以千计。中华文明序幕便开启于大禹治水。《尚书·禹贡》记载，大禹根据山川地理将华夏分为九州，因势利导疏浚九河，对许多自然河道做了改造，对中华文明产生了重大影响。

不同历史时期，运河有不同称谓。我国古代对天然河道多称"水"。隋唐之前，"河"一般专指黄河，"江"特指长江。人工水道多称"沟""渠"，给皇家运送物资的水道则称"漕"。

"运河"一词始现于宋代。《宋史·河渠志》记载:"元丰六年正月,开龟山运河,二月乙未告成,长五十七里,阔十五丈,深一丈五尺。"元丰是北宋第六任皇帝神宗赵顼的第二个年号,共使用8年(1078—1085年)。"龟山"在全国有十多处。此处的龟山位于江苏省盱眙县龟山村。唐代李肇《唐国史补》中引当时《山海经》文字,说大禹治淮时,将为害一方的水兽巫支祁镇锁于龟山脚下。后来,明代文学家吴承恩创作孙悟空被囚五行山下的桥段,即受此启发。龟山运河起自盱眙县洪泽镇新河,西南至龟山入淮。后来随着南宋灭亡,漕河改道,龟山运河乃废。

京津冀地区由于设立都城时间较晚,且冬季寒冷,所以开发运河总体上落后于南方。较早的记载是东汉末年,官渡之战袁绍败北,逃回老巢邺城(今邯郸市临漳县邺镇),抑郁而终,三子袁尚继位。曹操为北伐邺城,乃于公元204年修筑了白沟运河。白沟原是黄河故道。古时黄河经此北流注入渤海。东汉时黄河改道,使白沟水量锐减。而发源于太行山东麓的淇水,水量充沛且距白沟较近。于是曹操重整白沟引入淇水,并与洹水(今安阳河)连通,形成了河南浚县—河北馆陶的新水道,长150多公里,使大军走水路逼近邺城。

袁尚北逃,曹操穷追不舍,于公元206年继续向北开凿两段运河:一是连通滹沱河—泒水的平虏渠,即今河北青县至天津独流镇之间的南运河,长50余公里;二是南起海河北至蓟运河的泉州渠,约100公里。两渠通航,使黄河与海河两大水系再次连通。

公元213年,功成名就的曹操被汉献帝封为魏公,建魏都于邺城,于是围绕邺城建设大兴土木。为满足庞大的都市用水及漕运之需,曹操又开凿了自河北曲周经大名至馆陶的利漕渠,西引漳水东入白沟,长约50公里。至此,自邺城可沟通四方,上抵幽燕下至江淮。

此后400年,历经曹魏、后赵、冉魏、前燕、东魏、北齐等朝,邺城始终作为国都和北方第一大城而存在,繁华时不亚于长安和洛阳。公元580年,北周都城在西安,邺城为相州治所。当时相州总管尉迟迥见大丞相杨坚有篡位之意,遂发动政变,但被迅速平定。随着邺城被杨坚焚毁,冀州大地的运河逐渐荒废。

此后,隋唐大运河、萧太后河以及金朝挖掘的一系列水道,虽然都对京津冀产生过一定影响,但是毫无疑问,京杭大运河的修筑,给京津冀地区带来的影响空前巨大。

忽必烈放弃存在 2 000 余年的幽州故城，建大都城，本质上就是放弃对永定河的依赖，重建新的城市水网。而且，把京城水网建设与大运河统筹考虑，在金代旧水道基础上重开通惠河，使货船可以从杭州出发，畅行 1 800 公里，直达皇城门口，大大提高了元帝国的运输能力。

由于元明清三朝皆建都于北京，所以除了漕运之外，运河还承担着京城建设的浩大需求。700 多年间，天下奇石异木多由水上漂来。康熙六次南巡、乾隆六下江南，均以水路为主，更不用说频繁发生的军事行动。正是京杭大运河的出现，使南北方差异巨大的文化逐渐走向融合。

今天，从交通运输角度看，各类工具十分发达，运河似乎显得已不再那么重要。但作为重要文化遗产，运河的精神价值依然存在。其流动性、开放性、包容性、创新性的品质及进取精神，启示我们应该以怎样的素质、品格、信念和思想去拥抱未来。

李建臣

前　　言

　　大运河像一条蓝色的丝带漂浮在京津冀广阔的大地上，这条从千年历史中走来的不朽之河已经融汇为跨越时空的文化血脉，将三地紧紧联在一起，成为最具凝聚力的文化符号。

　　运河是一类重要的通航河道，水运的巨大成本优势使得运河在古代承担了最主要的交通运输功能，依托运河而确立的漕运制度在国家社会经济体系当中占据绝对的主导地位，运河成为维持古代封建王朝正常运转的关键。金元明清时期，北京长期作为封建王朝都城，对运河依赖极大，民间俗语"大运河漂来的北京城"形象地道出了运河与北京密不可分的关系。

　　京津冀地区运河历史悠久，早在秦代，秦始皇为抵抗匈奴建造长城，为向前线运送军粮，便利用京津冀地区的水系开展漕运。随后，曹操北征乌桓，在华北平原上开凿了运河，为战争胜利奠定了坚实的基础。隋炀帝为征高丽，开凿永济渠，将幽州与洛阳联系在一起，从而确立幽州（今北京）在北方首屈一指的城市地位。早期京津冀地区的运河开凿活动并不是持续和稳定的，而是时断时续的，但总体而言是发展的，规模不断扩大，作用越来越明显。京津冀地区的运河发展在金代迎来了转机。公元1153年，金朝第四个皇帝海陵王完颜亮迁都燕京，北京正式成为都城，于是便实施了大规模漕运，京津冀地区的运河发展迈上了新阶段。元明清三朝均定都北京，且为大一统王朝，持续而稳定的漕运促进了运河沿线地区经济和社会的繁荣发展，京津冀地区也迎来了辉煌的运河时代。

　　京津冀地区运河沿线城镇乡村因水路交通之便而繁荣发展。以天津为例，天津据北运河、南运河与海河交汇之处，凭借优越的交通枢纽地位，从小渔村发展为运河上的大码头，成为北方地区仅次于北京的大都市。运河沿线还诞生了很多市镇乡村，北京通州张家湾为明代大运河北端交通枢纽，盛极一时，号称"京东第一大码头"。武清河西务也因运河而繁荣发展，享有"京东第一镇"的美誉。

运河为京津冀地区提供了衣食住行等民生保障功能。运河除了提供军队和朝廷官员所需漕粮以外，还承担着民间粮食贸易功能，满足了京师民间的粮食需求；同时，京津冀地区的老百姓所用食盐来自渤海之滨，天津和沧州均为海盐产地，而食盐的运输则是通过华北地区的运河水网运到京津冀三地以及河南地区的，运粮河也是运盐河。

运河还为京津冀地区的百姓提供了谋生方式。沧州地滨渤海，多为盐碱荒滩，地瘠民贫。土地不给力，只好去卖艺。沧州人凭借武术"卖力气"在运河上找到了营生，于是便有了"镖不喊沧"的传奇故事。吴桥人凭借杂耍技艺背井离乡，沿着运河走向海外，创造了"吴桥杂技"这样世界级的艺术品牌。

运河还使得南方饮食和文化在北方落地生根并实现了新的跨越发展。来自南方的湖鸭从运河来到北京，在运河畔长期培育，成为世界上著名的鸭种。杨柳青年画在北方盛极一时，其工艺就是从南方沿着运河北漂至此而得以光大的。天津泥人张艺术精彩绝伦，是南方泥塑技艺北上传播的产物。北京通州张庄的蓝色龙灯，数百年来依旧保留着南方的文化特色，至今仍活跃在民间艺术当中。

深沉厚重的运河文化底蕴赋予了京津冀地区非凡的文化特质，进而呈现出卓尔不群的文化面貌。创造历史者，必将被历史所铭记，本书分别围绕运河往事、运河与城乡发展、运河与城市文化、运河与民生、运河非物质文化遗产等内容为读者展现京津冀地区创造的璀璨文化。

陈喜波

目 录

第一篇　运河上的北京 ··· 001

第一章　北京运河往事 ··· 003
第二章　水上漂来的北京城 ·· 020
第三章　运河上的古村落 ··· 036
第四章　荟萃天下的京华物产 ······································· 054

第二篇　运河上的天津 ··· 069

第五章　天津运河往事 ··· 071
第六章　妈祖信仰与天津皇会 ······································· 088
第七章　天津人和天津话 ··· 103
第八章　雅俗共赏的天津非遗 ······································· 117

第三篇　运河上的河北 ··· 131

第九章　　河北运河往事 ··· 133
第十章　　"镖不喊沧"的武术之乡 ································ 149
第十一章　利泽华北的长芦盐 ······································· 162
第十二章　各具特色的河北风物 ··································· 177

参考文献 ································ 193

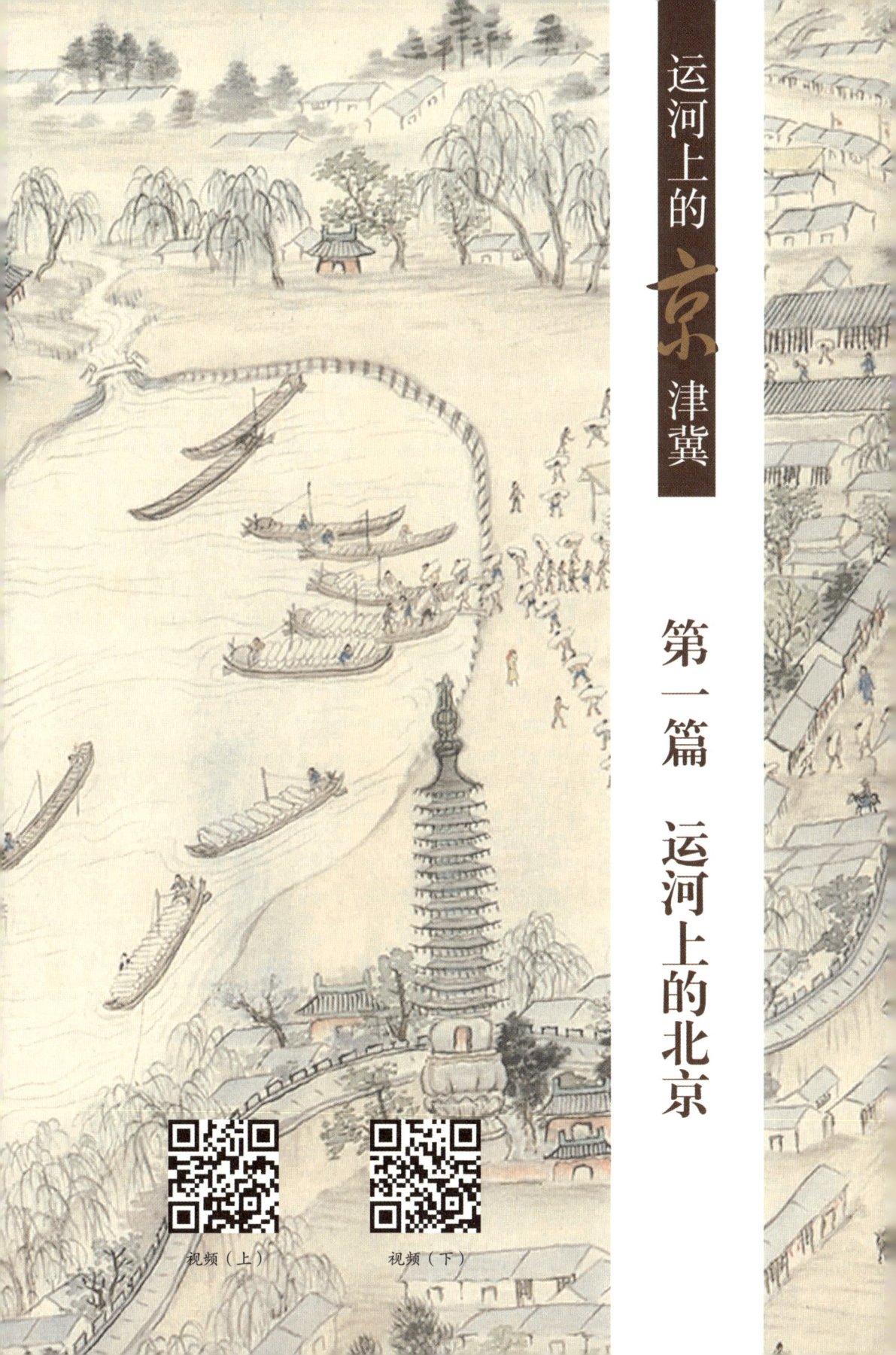

运河上的京津冀

第一篇　运河上的北京

视频（上）　视频（下）

第一章

北京运河往事

在中国广袤的大地上,千年运河纵穿南北,万里长城横亘东西,构成一个巨大的"人"字形,而大运河与长城的交汇点就在北京。千百年来,北京城市的发展、演变与大运河息息相关,运河文化早已成为这个城市社会生活的重要组成部分,彰显着北京卓异的精神气质。很多人以为,大运河是北京建都之后才有的。其实,北京很早就与运河结缘了,用"自古以来"形容北京的运河历史也不为过,可以说北京是一个不折不扣的运河城市[①]。

一、运河何以重要

讲历史,运河是一个无处不在的话题。在古代,运河为何那么重要?古人为什么要千方百计地挖掘运河?要回答这些问题,我们首先来看一下明代宝坻县令袁黄关于京杭运河的一条记载。袁黄曾经写过一本书《皇都水利》,其中写道:"按三吴民运白粮自苏松至张家湾凡三千七百余里,自湾抵京仅六十里,而水运之舟价与陆运之车价略相当,是六十里之费抵三千七百里之费也。"文中白粮是漕粮的一种,专门用于供应朝廷文武百官和贵族。明嘉靖七年(1528)以前,漕粮从南方运至张家湾,

---

[①] 如果从西周的"蓟"(建立于公元前1046年)开始算,北京有3000多年的建城史;如果从金海陵王完颜亮正式迁都燕京(1153年)开始算,北京有800多年的建都史。在漫长的历史长河中,北京有很多称谓,如蓟、渔阳、涿郡、范阳、幽州、南京、燕京(中都)、大都、北京、北平等。本书将根据表述的需要使用不同的称谓。

然后陆运至北京城。按照书中记载，漕粮自苏州一带运至张家湾的水路里程是三千七百余里，而从张家湾陆运进北京城才六十里地，但陆运价格却和水运价格相当。由此可知，水运价格仅相当于陆运价格的六十分之一，甚至还要更低。仅仅从运输成本这一点看，水运完全碾压陆运。

康熙年间的《京杭道里图》描绘的北运河上漕船迤逦北上情景

运河的含义

在人们的观念当中普遍认为运河是人工开挖的河道，承担运输功能的自然河流不算运河。但在中国传统文化语境当中，用上述概念来理解运河实际上并不确切。虽然水运成本低廉，但古人也不会颟顸地一味开凿河道，而是巧妙利用自然河流和人工开凿渠道构建水路交通线，京杭大运河便是这样形成的。北运河是京杭大运河的一段，北运河原本是一条自然河流，不是人工开挖的，但也被理所当然地称作运河，这说明中国的运河概念不是"人工开挖的水道"那么简单。北运河虽然不是人工河，但作为古代漕运水道，必须要满足漕船航行要求，因此整个河道人工化程度很高，已经脱离了原始的自然状态。因此，中国的运河既包括人工开凿的河道，也包括人工改造的自然河流，由二者共同构建起水上运输线路。

水运的优点不仅仅体现在运输成本上,从明代巡漕御史吴仲的奏折中还可以看到水运的另一些优势。吴仲所著《通惠河志》一书中曾这样记载:"漕运粮储,国家大计,容受之多,车不如船,阴雨之行,陆不如水,舟车并进,脚价倍省,此闸河之不可以废也。"文中的闸河,就是今天的通惠河,明初以来通惠河被废弃,没有利用起来运输漕粮,故嘉靖六年(1527)吴仲等建议重新疏浚通惠河。在奏折中他还说出了水运的两大优势:第一,水运的运量大,"一舟之运,约当十车";第二,水运受气候影响较小,陆运受气候影响较大,春夏阴雨、道路泥泞之时,陆路运输十分艰难,而阴雨气候对于水运影响不大,且可以全天运输。历史上漕运是昼夜不息的,据通州区常年居住在北运河畔的老人们讲,每年漕运期间,运河两岸的纤夫拉着漕船逆水而上,运河号子此起彼伏,昼夜不停,响彻云天,老百姓称这些纤夫为"十万八千嚎天鬼"。正是由于水运有着成本低、运量大、全天候等优势,适合长途运输,因此在古代成为交通运输的首选。即便在今天,虽然水运退居次要地位,但依然有着强大的生命力。根据研究,水路运输成本较公路、铁路等要低得多,水路每吨公里的综合运价仅是铁路的三分之一、公路的六分之一。而如果从能耗来看,水运的耗能是公路运输的八分之一左右,是铁路的二分之一左右。今天大运河自济宁至杭州段的内河航运能力仅次于长江,位居全国第二。由此看来,古代中国利用运河开展漕运主要就是利用了运河运输成本极其低廉的优势,因此我们也就明白运河在运输中的地位了。

时至今日依旧繁忙的运河(京杭大运河苏州段)

二、转漕幽燕

北京自古以来就离不开运河，这一点是很少有人知道的。历史上，北京地理环境与今天完全不同。根据古代文献记载，北京东南以至海滨，多为水乡泽国，只有山前一带平原地势高燥，适宜农耕。北京东南地带河湖广布，这种地理环境使得北京小平原地下水位高，加之含盐度较高，故土地盐碱化严重，因此北京历来有"苦海幽州"的说法。《史记》中就记载说："燕土墝埆。"也就是说北京地区土地贫瘠。今天京南永定河流域，有很多村落叫作某某垡，如榆垡、垡头、大松垡等，是因在盐碱地上耕作而采用一种降低盐碱度的耕种方式而得名的。

地名"垡"的含义

垡字地名的成因，与京南地区农业生产耕作条件密切相关。京南为永定河泛滥区，历史上湖沼遍布，如辽代有方圆百里的延芳淀，元代有下马飞放泊、马家庄飞放泊、南辛庄飞放泊、栲栳垡飞放泊等湖泊。虽经明清以后耕垦，沧海化为桑田，但因京南地区的地下水位较高，多为盐碱地，而盐碱地土壤溶液的盐分浓度较高，大于植物细胞内部溶液浓度，植物细胞就会失水，植物会枯萎，民间称作"烧苗"。为了保证庄稼能够正常生长，需要降低地下水位，于是京南地区的先人们采用了深耕土地的办法，形成很深的垄沟，地下水会从土壤里流出汇聚到垄沟之内，由此导致垄台中的地下水位降低，农作物生长就不会受到水碱的影响了。民间对于垡字还有一种说法——"抟土为垡"，即堆高土垅，种植庄稼。显而易见，这是通过提高土垅高度来相对降低地下水位的方法。因此，垡字地名来源于为降低地下水位而进行深耕土地的做法，这是民间在长期农业生产过程中总结出来的经验，展现了中国古代的农业耕作智慧。

在中国汉唐时代，北京是中原王朝统御塞外的边镇，常年驻扎大量军队，北京本地无法提供足够的粮草军需。秦始皇北抗匈奴，曾从山东半岛海运漕粮至今天津一带,然后经"北河"运到北京以北地区,有专家认为"北河"就是今天的北运河。东汉光武帝刘秀派遣大将王霸为上谷太守,镇守边疆,上谷就是今天北京延庆一带。为解决粮草供应,王霸曾利用"温水"向上谷一带运输漕粮。关于"温水"有人说是温榆河,也有人说不是,至今莫衷一是。古代文献记载简略,今人也无法考证,但不管怎么说,北京早期运河离不开今天的北运河水系,这一点是毋庸置疑的。秦汉时期北京地区驻军粮食需要中原地区接济的事实在文献中有明确的记录,《后汉书》就记载幽州"安平之时,尚资内郡",也就是说平常时期,还要依赖中原地区供应物资,这些物资主要来自青州、冀州一带,也就是今天的山东、河北一带。

隋唐时期,幽州城市地位有了较大的跃升,成为中原王朝边疆重镇。这一历史转变恰恰得益于隋唐大运河的开凿。隋朝建国之初,隋文帝杨坚就发现东北地区的高句丽有反叛迹象,为防患于未然,隋文帝派兵攻打高句丽。大军千里迢迢到了辽东,不巧遇到瘟疫流行,眼看支撑不住,好在高句丽及时表示臣服,隋军算是取得了胜利。隋炀帝杨广登上皇位后,发现高句丽又有不臣之心,决定派大军征讨,以除后患。于是隋炀帝开凿永济渠,利用永济渠向辽东运送兵马和粮草。隋炀帝三次东征,均以幽州为基地,虽然最终都失败了,但幽州却因此奠定了在北方统领性的政治军事地位。梁启超在《中国地理大势论》中写道:"自隋炀浚运河以连贯之,而两河之下游,遂别开交通之路。夫交通之便与不便,实一国政治上变迁之最大原因也。"永济渠将幽州与中原地区连接起来,使得幽州城

唐阎立本绘隋炀帝

市地位大大提升，来自中原地区的物资聚集在蓟城，蓟城成为北方的经济中心，故梁启超说："其转换之机，皆在于运河。"在隋朝末年，永济渠已经发挥着经济交流作用，"船乘不绝"了。有了运河的经济支撑，幽州城市地位想不提高都难。唐初在全国边境地区重要城镇设置总管府，负责防守边镇安全，幽州就是当时五大总管府之一，成为镇御一方的政治与军事指挥中心。

幽州地名来历

幽州最初为古史传说地名，也称幽都，如《尚书·尧典》记载，帝舜"流共工于幽州"。《韩非子·十过篇》记载，帝尧"其地南至交趾，北至幽都"。《吕氏春秋·有始览》记载"北方为幽州，燕也"，《尔雅》记载"燕曰幽州"，燕就是今北京地区。古人认为，太阳早晨从东方升起，中午在南方运行到最高处，傍晚没于西方，伴随着黑夜的到来太阳隐于北方的地下，这样人们就把黑暗同方位联系起来，认为北方代表着幽暗。《淮南子·地形训》云："北方幽晦不明，天之所闭也，寒水之所积也。"宋蔡沈在《书经集释》中解释道："日行至是，则沦于地中，万象幽暗，故曰幽都。"幽州、幽都的传说，赋予了北京更深的文化含义，后世汉代幽州的设置以及唐代设置幽都县，皆受此传说影响。汉武帝于元封五年（前106）将全国划分为司隶部和刺史部十三州，其中幽州刺史部负责监察今北京一带。西汉末年，幽州转为地方行政区划，从此幽州成为北京地区的专有地名，沿用至隋唐时期。

杨广为何被称作隋炀帝

古代封建帝王死后，一般都要给个谥号，就是对其人生功业做个评价，如"经天纬地曰文"，称作文帝的皇帝，一般善于治理天下，这是积极的评价。杨广由于滥用民力，开运河、征辽东，导致天下大乱，依据古代谥法，"去礼远众"称"炀"，可见"炀帝"是对杨广的负面评价。

三、漕运通济

936年，后唐皇帝石敬瑭献幽云十六州于契丹，北京从此被纳入辽朝版图。辽朝对北京地区十分重视，升其为南京，作为陪都，是辽朝五京之一，所以北京历史上还曾叫过南京。北宋建立后，试图收回幽云十六州，南京地区成了战争前线。当时辽朝主政的是著名的萧太后和他的儿子辽圣宗，辽圣宗还是个小孩子，所以军国大事都由萧太后拍板。说起萧太后，还要讲一下契丹的婚俗。当年，辽朝的建立者耶律阿保机特别仰慕历史上的汉高祖刘邦，于是便将自己的契丹姓氏耶律氏之外又增加了一个汉姓——刘，以示景仰。此外，他觉得皇后一族的述律、乙室、拔里等贵族有辅佐之功，可与西汉开国丞相萧何相比，遂将后族一律改姓萧。萧氏与耶律氏因世代通婚，故萧氏的女子都嫁给耶律氏，耶律氏的女子都嫁给萧氏，所以辽代历朝帝后绝大多数都姓萧，都叫萧太后。我们今天所说的萧太后，就是其中的一个，因为能力出众，影响力太大，以至于大家都以为辽朝只有一个萧太后。言归正传，话说萧太后因为与北宋打仗，曾经在辽南京驻跸一段时间。作为历史上一代女中英豪，萧太后匡扶辽朝江山社稷，在朝野有着极高的威望，也对后世产生了很大影响。在北京地区，民间将很多古迹都附会到萧太后身上。北京就有一条河叫作萧太后运粮河，流经朝阳区和通州区，在张家湾注入凉水河。

从小就与众不同的萧太后

萧太后本名叫作萧绰，小名燕燕，父亲叫萧思温，为北府宰相。据《辽史》记载，燕燕从小就聪明伶俐，做事稳妥。萧思温一次看见自己的几个女儿一起扫地，其他几个姐妹漫不经心地比画几下就走了，只有燕燕一人在一丝不苟地打扫，将屋子收拾得干干净净。萧思温非常高兴，认为燕燕将来必定会有出息。萧思温果然没有看错，萧绰长大后成为辽景宗皇后，景宗去世后，萧太后协助其子辽圣宗，南伐宋朝，巩固辽朝统治，为辽朝建立了不朽功业。

金灭辽后,都城最初建在上京,即今黑龙江阿城市。后来,金朝又灭了北宋,占领了淮河以北的中原地区,将北宋的徽钦二帝抓到金源故地,让其"坐井观天"去了。中原地区并入金朝版图,使其疆域大范围南扩,金上京作为都城此时已经远远不能适应形势发展了。1149年,金朝第四个皇帝完颜亮杀掉了金熙宗,自立为帝。为了适应金朝版图南扩以加强统治的需要,完颜亮决定迁都燕京,就是今天的北京。1151年,完颜亮命大臣张浩扩建燕京城,并开始利用潞水向燕京运输物资。由于潞水在燕京城东部的潞县,经由潞水运来的各种物资需要经潞县中转后再运至燕京城,鉴于潞县的物资转输枢纽地位,遂于同年升潞县为通州,取"漕运通济"之义,说直白一点就是负责漕运的城市。1153年,完颜亮正式迁都燕京,改燕京为中都,燕京也迎来了历史发展的高光时刻,一跃而升为金朝的正式都城,这是北京城市发展史上的大事,从此北京开启了都城时代。

今北运河通州段

完颜亮迁都燕京对北京城市的发展影响深远,这说明他很有战略眼光,但迁都只是第一步,他还要征服南宋,一统天下。他命人在通州造战船,并两次前往视察,准备南下伐宋。都说性格决定命运,完颜亮和隋炀帝相似，脾气急躁，残暴狂傲，得罪了不少大臣，这为他的失败埋下了伏笔。1161年，完颜亮大举南下伐宋，就在他准备率军横渡长江时，不料后院起火，曾经被他欺负得很惨的东京留守完颜雍拥兵自立为帝，这就是金世宗。消息传到前线，官兵造反，完颜亮被杀于长江岸边的采石矶。

金中都作为都城，城内聚集了大量文武百官和军队，人吃马喂，对粮食需求巨大。金朝利用潞水和御河实施漕运，将河北、山东的粮食运至通州，然后再转运至中都。按《金史·河渠志》的记载，金朝漕粮运输采用纲运之法，分春秋两运。春运在河水冰消以后进行，至夏季汛期停止；秋运从八月开始，至河水结冰为止。金朝潞水漕运一年分两次运输，与元明清时期潞水漕运从春至秋无间断运输相比，可见潞水漕运早期尚未完善。粮食运到通州后，因为通州至中都城之间没有河流，所以需要用车运进中都城，但是陆运成本太高了。于是，金朝便开始开挖运河连接中都和通州，以便降低运输成本。金世宗大定十二年（1172），金朝开挖金口河，引卢沟河水至通州，但因泥沙大且易冲决中都城，开河不久即堵闭金口河，引水失败，漕粮依旧从通州陆运至京城。32年后，金泰和四年（1204），翰林院应奉韩玉建言开凿自通州至中都的漕河，金章宗采纳了他的建议，任命乌古论庆寿督工开凿漕河，并取得了成功。这次开河，没有引用卢沟河水，而是开辟新水源。漕河水源来自高良河（现高梁河）、白莲潭（现积水潭）等水源，另根据侯仁之研究，闸河还引入了今昆明湖的湖水。由于中都至通州地势下降约20米，为防止河水下泻致使河道存水不足影响漕运，遂在开凿的漕河中修建数座水闸以蓄水通航，故这条河也被称为闸河，即今天通惠河的前身。尽管金朝后期开凿闸河解决了通州至中都之间的漕粮运输问题，但是闸河在实际使用的过程中时通时塞，并未取得理想效果。并且闸河使用不到10年，就在金末元初的战争中被弃用，逐渐湮没于岁月之中了。

高粱河

高粱河为古代流经北京的一条大河,最早见于《水经注》,今什刹海、北海、中海是其故道。曹魏嘉平二年(250),征北将军刘靖造戾陵遏,开车厢渠,开挖了高粱河西段水道,引永定河水灌溉蓟城北部及东部农田万余顷。北齐天统元年(565),幽州刺史斛律羡"导高粱水,北合易京水,东出于潞,因以灌田"。金代北京正式建都,号中都,为都城漕运需要,曾多次开发、利用高粱河。北京西直门外有高粱桥,即因跨高粱河而得名。

今通惠河通州段

四、通惠河的变迁

元朝统一天下,建立了一个空前庞大的帝国。最初忽必烈想把都城建在自己起家的地方元上都,但他手下的大将霸突鲁跟他说:"幽燕之地,龙盘虎踞,形势雄伟,南控江淮,北连朔漠,且天子必居中以受四方朝觐。大王果欲经营天下,驻跸之所,非燕不可。"[1]一句话点醒梦中人,忽必烈

---

[1] 见《元史》卷119《霸突鲁传》。

幡然醒悟，对霸突鲁说："非卿言，我几失之。"于是，忽必烈决定定都大都，但他也没有舍弃上都，决定实行两都制，天热时节在上都办公，天冷时节在大都办公。忽必烈定都大都，在金中都东北新建大都城。同时，为了供养城中文武百官和周边的驻军，元代继续实行漕运制度，利用运河从南方运粮至大都。最初漕粮来自中原地区，至元十三年（1276）平定南宋，开始从江南输送漕粮，随着漕粮输送能力提高，抵达通州的漕粮逐渐增多。由于金朝开挖的闸河已经堙废，漕粮还得从通州陆运进大都城。至元十六年（1279），元政

郭守敬铜像（立于今北京南新仓）

府开通坝河，即今北京自东直门外经东坝至通州的坝河。元代在这条河上修建了七座坝，蓄水通航，用船运粮，逐级转运漕粮到大都城。但坝河漕运能力有限，最多时大约运输一百万石漕粮，而每年运过来的漕粮多达四五百万石，甚至六七百万石。绝大多数漕粮则由车载、人力或畜力推拉，陆运至大都城。据记载，每年光运粮就会累死牛马无数，民众苦不堪言。

　　仅仅靠一条坝河不能满足漕粮运输的需要，于是如何进一步解决通州至大都之间水路运输不足的问题被提上了日程。俗话说，非常之时，必有非常之人。这个时候，一个重要的治水人物出现了，他就是元朝的大臣郭守敬。郭守敬生于1231年，今河北邢台人。郭守敬由祖父郭荣抚养长大，从小聪敏过人，后来成为元大都城设计者刘秉忠的学生，刘秉忠精通经学和天文历算，郭守敬刻苦学习，深得刘秉忠的器重。郭守敬长大后，学识渊博，天文地理无所不通，成为邢台当地的奇才。中统三年（1262），郭守敬被举荐，受到忽必烈的召见，他提出水利建设六条建议，深受忽

必烈的赏识，随即被任命为掌管各地河渠修治的长官，次年升为副河渠使。至元元年（1264），郭守敬奉命在西夏地区（今宁夏和甘肃一部分）治理农田水利，取得很大成就。至元十七年（1280），郭守敬在太史院主持编制的《授时历》告成，《授时历》与世界上通用的《格里高利历》的周期一样，但比其早300多年，这是中国古代天文学发展史上的重大成就。

至元二十八年（1291），郭守敬向忽必烈提出开凿通惠河的计划，忽必烈十分高兴，说："当速行之。"从忽必烈对于开凿工程的迫切心情，便可知运河对于大都的重要性。忽必烈特置都水监，任命郭守敬担任都水监事一职。通惠河工程受到忽必烈的特别关注，工程兴建之日，忽必烈下令丞相以下都要亲自操畚锸挖河，并听从郭守敬的指挥。通惠河开凿利用了金代的闸河故道，至元二十八年开始重修工程过程中，在设立水闸之处，常常在地下发现旧有砖木，应当是金代所开挖的闸河遗迹。为加快工程进度，同时又不扰动百姓，元世祖忽必烈调用护卫部队和诸府人夫挖掘运河，分段施工，令他们在规定工期内完成工作。通惠河工程始于至元二十九年（1292）春，次年（1293）秋竣工，用时约一年半。这一年秋天，元世祖由上都回銮大都时，路过积水潭，看到湖中舳舻蔽水，非常高兴，于是赐河名为"通惠"，并命郭守敬兼任提调通惠河漕运事。通惠河上游收受北京西山的白浮诸泉之水，沿着西山山麓，至瓮山泊，然后向东南流，汇聚于大都城积水潭，出海子闸（澄清闸），过万宁桥，入金代漕河旧道，向东通往通州，至通州城西沿西城墙南流至通州城南门，而后东行南折，向东南流至张家湾，在张家湾城南注入潞河。通惠河的修建在水利工程上取得了重大成就。首先是白浮堰工程路线设计达到了非常高的水平。通惠河水源引自昌平西山，从上源白浮泉至瓮山泊之间需要修建渠道引水，白浮泉海拔高60米左右，郭守敬巧妙地利用了等高线原理，引水环西山山麓绕行，拦截沿途河流和泉水，引入瓮山泊，流入大都城积水潭，增加了通惠河水源。从白浮堰设计路线可以看出郭守敬在地形勘察方面已掌握了高超的测量技术。同时，因地势逐级下降，为了防止水流下泄，郭守敬在通惠河上修建了二十四座坝闸，以节制水流。通惠河上每一闸分上闸和下闸，两个水闸递相启闭，配合使用，其作用相当于现代的船闸。这样，漕船从高丽庄入通惠河以后，北上至通州，然后自通州至大都的各处复闸。具体方法是，先提起下闸让船进入闸内，然后关闭下闸闸板，待闸内水位和上游持平后，再打开上闸，漕船继续向上游行驶。各处复闸依次如此操作，漕船便可自东向西，由低到高，节节攀升，直至大都城内。郭守敬在通惠河内使用船闸技术，在北京地区是首创，充分展示了元代在水利建设方面的高超技术水平。

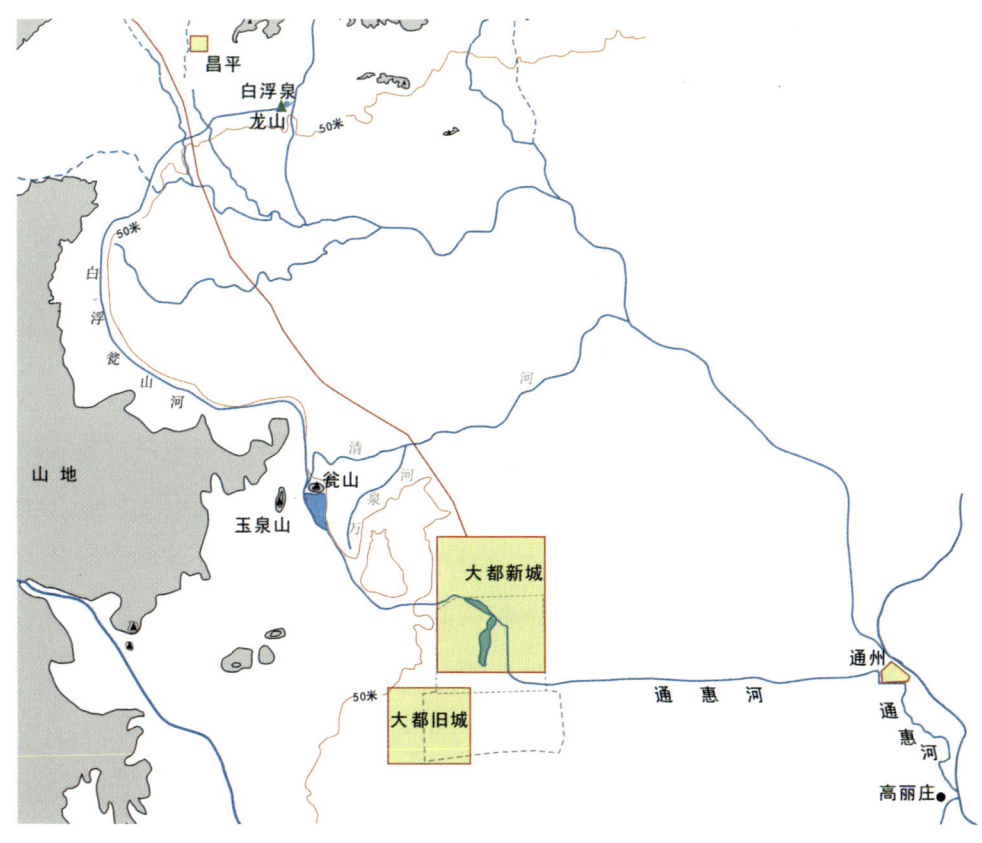

元代通惠河示意图

明初建都南京，北京失去都城功能，也没有了漕运活动，元代开凿的通惠河不再作为漕河使用。永乐皇帝迁都北京以后，因建设北京宫殿需要，曾疏挖通惠河故道，以便运送漕粮和建筑物资等。明初营建北京城，通惠河的一段被包入皇城，因漕船不能驶入积水潭，只能到达大通桥下，所以自通州至大通桥这段河道又叫作大通河。由于水源问题无法解决，不久，通惠河河闸堙废，不再通行船只，每年运送北京的漕粮及其他物资等只能运至张家湾或通州，卸船后用车转运至北京城。自宣德六年（1431）历正统及至成化十二年（1476），明廷疏挖河道、修闸十几次，但均未成功。明代中前期，通惠河修浚问题始终没有得到彻底解决。

嘉靖六年（1527），巡按直隶监察御史吴仲提出重开通惠河计划，得到了嘉靖皇帝的支持，嘉靖帝命户部侍郎王轨、工部侍郎何诏及御史吴仲等负责开挖通惠河。在吴仲等人的主持下，通惠河开通工程自嘉靖七年（1528）二月四日开始兴工，至五月二十二日完工，历时三个多月。通惠河开通后，成效显著，当年运送粮食费银仅七千两，可谓事半而功倍。重开后的通惠河起自北京东便门外的大通桥，沿元代通惠河河道向东开浚，至今通州旧城西北角天桥湾，放弃了元代通惠河的河道，在通州城北疏浚原闸河旧河道，使通惠河自通州城北汇入白河。吴仲在通惠河上建造五座水闸，在通州北关外通惠河口建石坝一座，入北京仓的漕粮经石坝转搬入通惠河，然后溯河而上，经五闸逐级递运，一直抵达北京城大通桥码头。另为转运通仓漕粮，吴仲在通州城东关外建土坝一座，漕粮在此卸载，然后经通州城东门搬运至通州仓储存。通惠河上的五座水闸和通州城的土石二坝合称"五闸二坝"。为了防止后世通惠河堙废，吴仲特别写了《通惠河志》一书，嘉靖皇帝命人送史馆并采入会典当中。

《通惠河漕运图》中的通州石坝码头

五、大运河养育的北京城

元明清三朝，北京成为统一王朝的都城，运河的支撑作用十分重要。《元史·食货志》说得十分明白："元都于燕，去江南极远，而百司庶府之繁，卫士编氓之众，无不仰给于江南。"《明史·食货志》说："漕为国家命脉攸关，三月不至，则君相忧，六月不至，则都人啼，一年不至，则国有不可言者。"这两条记载并非危言耸听，北京作为国都的确时刻离不开大运河的物资供养。比如，元末运道断绝，就对大都物资供应产生了极大的影响。1351年，江淮地区爆发了声势浩大的红巾军起义，漕运断绝，大都城顿时陷入困境，甚至出现了人吃人的现象。1358年，红巾军北伐，东路军毛贵率军攻至大都城附近。为保卫京师，大都附近屯集了大量的军队，由于粮饷不足，出现了军队攻破城镇，掠人为粮的惨剧。所以，吃饭永远是最大的民生，历史上大运河就像一条营养脐带，源源不断地向北京城输送着各种物资，从而促进了北京城的繁荣发展和成长壮大。

我们总以为漕粮千里迢迢自南方运到北京，是供应都城中所有人吃的。其实这是个认识误区，漕粮并不是给平民百姓吃的，而主要是供应军队和贵族百官。漕运起源于军事征伐，历来与军事行动密切相关。金元明清时期，北京成为封建王朝都城，城内外有大量的驻军，需要大量的粮食供应，故地方每年都要向京城输送军粮。如明代规定，每年向北京运送漕粮400万石，用于供应军队，另还有20多万石白粮，主要供应文武百官、皇亲国戚等。很多研究文献在谈到北京城市发展历史时，一般只是泛泛地介绍说北京作为都城聚集着大量人口，有着巨大的粮食需求，因此要从中原和南方地区向北京输送漕粮，给人一种京城所有人都吃漕粮的感觉。真实历史不是这样的，漕粮主要供应军队。那么京城毕竟聚集着大量的老百姓，他们吃什么粮食呢？我们以清代北京为例来说一下。清代北京内城为八旗劲旅驻防，有南方来的漕粮供应。北京外城主要为汉民和来自全国各地的人士居住，粮食供应主要以小麦等杂粮为主。河南、山东等地是北京城所需小麦等粮食的主要来源地之一，每年都会通过运河运至通州和张家湾，转售京城。乾隆时期通州城东关外有永茂、永成、福聚、涌源四大堆房，租给商人存放小麦，卖给京城及通州本地铺户。由此可知，京城百姓吃的粮食主要为小麦，由民间粮商从中原地区收购小麦经由大运河运到北京地区。这样看来，无论漕粮还是民间小麦，均由大运河运来，大运河成了古代北京城的生命线。历史上经由大运河向北京运输的物资岂止是漕粮，还有数不清的商品百货、建设北京城的建筑物资、供应皇家贵族使用的日用消费品等，如绸缎布匹、干鲜果品、烟酒糖茶、砖木石材、滇铜黔铅、瓷器用品等，哪一样都离不开大运河。更值得一提的是，今天北京城内外很多人的祖上都是坐船从大运河来到北京的。从这一点来说，大运河就是促进中华民族物质文化交流和共同繁荣的经济命脉，难怪人们一谈起大运河，都充满了无限眷恋之情。

今南新仓（曾是明清两朝京都储藏皇粮、俸米的皇家官仓）

第二章

水上漂来的北京城

中国是一个水利大国,也是一个水利古国。从大禹治水疏浚九河开始,中华文明的发展便与水息息相关,展开了无数征服水患、利用水资源、与水和谐相处的历史画卷。北京城的历史开展也与水密不可分。

一、山水北京

远古时代,北京地区山林茂密,雨水丰沛,是一片冲积小平原。这里有永定河、拒马河、白河、黑河、汤河、潮河、潮白河、温榆河等诸多河流,大多从西面或北面的山林流过来,进入北京小平原,然后向东南方向流去。同时北京还有不少潜水,以及很多自流泉和温泉,地下水资源相当丰富。今天我们从海淀、万泉河等许多地名中,就可窥见北京历史上丰富的水资源状况。水是城市的命脉,在北京城的形成和演变过程中,许多河流都曾发挥过重要作用。其中有两大水系功劳卓著:永定河和大运河。

在中华版图上,北京自古以来就是我国北方的一个重镇,这主要取决于它独特的地理位置和形态。从地理位置看,北京位于华北平原北端,处在中原地区与北方、东北的分界线上,属咽喉要地。中国历史上的中央政权多半在中原,其主要威胁多半来自北方。所以明长城从甘肃嘉峪关开始,向东修到北京,再继续向东,一直修到辽宁丹东的虎山,绵延万里,都是为了防范北方的游牧民族。所以在北京这里建设一个桥头堡,就仿佛安插了一枚棋子，可以用来防御、牵制或者制约北方来犯之敌。

长城雄姿

（资料来源：兰佩瑾、曹蕾编，翟东风摄影，《长城》，外文出版社，1997年）

从形态上看，北京西部为西山，属太行山余脉。西山北起居庸关关沟，南至房山南端，跨越了门头沟全境和房山、石景山、海淀、昌平等部分地区。古时候横穿太行山的重要通道有八条，称为太行八陉，关沟是其中最北端的通道，称作军都陉。它是燕山山脉与太行山脉的分界线，也是北京通往河北地区和内蒙古草原的通道。西山又是中国地质学的摇篮。从19世纪中期开始，美国和德国的地质学家就曾对北京西山进行过地质考察。1916年，在中国地质学家丁文江、章鸿钊、翁文灏等人的主导下，中国地质工作者第一次对北京西山做了较系统的地质调查，并于1920年出版了中国第一部地质学著作《北京西山地质志》。北京城的北面是燕山山脉，西到张家口，东到山海关，包括云雾山、雾灵山、军都山等，绵延数百公里。所以北京地形地貌总体上是西北高、东南低，一个半圆形大山弯。从高空看，就像一把坐北朝南的龙椅。一方面雨水充沛，另一方面又有山脉阻挡寒流，为北京小平原营造出一个温暖的局部环境，所以这里自古以来就是宜居之地。而且这种天然屏障和险要地势，进可攻、退可守，使它历来是兵家必争之地。

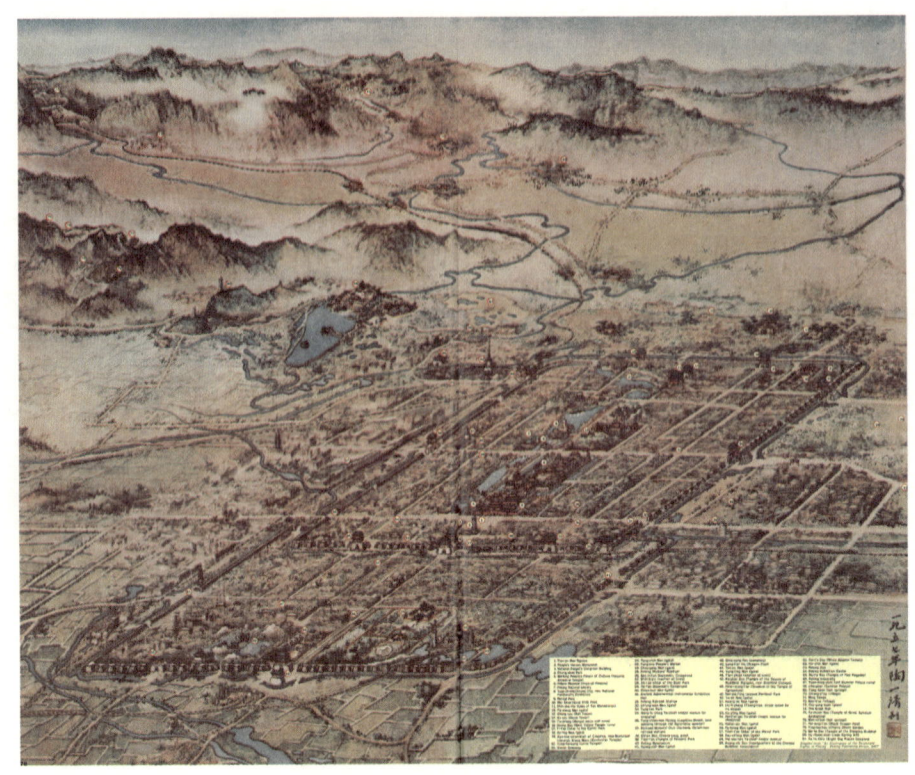

绘制于1957年的北京立体图

在流经北京的各水系中,最古老也是最大的河流是永定河,数千年来一直被看作是北京的母亲河。学界曾有一种观点认为永定河形成于70万年前。2004年,国土资源部(现为自然资源部)与北京市政府联合开展北京地质调查,得出的结论是:永定河已存在300万年。永定河的源头主要有两个:一个是山西宁武县的管涔山,这是中国北方一座古老的名山,属吕梁山脉,古称晋山之祖,海拔2 787米,典型的第四纪冰川期地貌,有万年冰洞。管涔山天池的水流下来,一支向南流去,形成了山西的母亲河汾河;另一支向北流,名为恢河,进入朔州后与元子河汇合,称为桑干河。20世纪40年代末大作家丁玲曾经写过一部以桑干河畔暖水屯为背景、反映土改主题的长篇小说,叫作《太阳照在桑干河上》,影响很大,获得了斯大林文学奖。桑干河从朔州向东北方向流淌500公里,在河北怀来与洋河交汇。永定河的另一个源头是内蒙古兴和县的西洋河。西洋河一路向东进入河北省，在怀安与东洋河、南洋河汇合，称为洋河，再向东南流100公里，至怀来汇入桑干河。桑干河与洋河汇合后形成的河流始称永定河。实际上它最初叫无定河。康熙年间（1698）对河道进行过一次大规模疏浚、整修，治理效果不错，从此以后改名为永定河。

> **桑干河**
>
> 此处的桑干河指的是永定河。永定河在唐代称作桑干河，当时的漕运河道大约沿着今凉水河至通州区半截河村，向南经廊坊市安次区、永清县至文安一线。

> **永定河名称变迁**
>
> 历史上，永定河拥有多个名称，西汉以前称作治水，东汉至南北朝称㶟（lěi）水，也称作清泉河。辽金以后，随着上游植被的破坏和土地的不合理利用，水土流失加剧，河水泥沙含量增加。随着永定河流出山地进入平原，流速顿减，泥沙迅速淤积，加之降水集中，形成区域内河流善淤善决的特点。金代永定河称作卢沟河，元明时期称作浑河、无定河，又有"小黄河"的说法。康熙三十七年（1698），清圣祖主持治理浑河，开始修筑堤坝，并赐名"永定河"，这就是永定河名称的由来。

永定河卢沟桥上的石狮子

二、永定河畔的北京城

北京有3 000多年的建城史。在元代之前的2 000多年间，北京城的中心始终在今天北京市的西南部，靠近永定河流域。甚至在距今70万年至20万年前存在的北京猿人，也是生活在这一带，在周口店附近。

北京建城的最早记载，是在殷商时期，在北京地区存在着一些小国，其中蓟国相对大一些，都城中心设在今莲花池附近。蓟是一种野菜，草本植物，俗称刺儿菜，蓟国由此得名。有一种说法，叫作先有莲花池后有北京城，或许就是由于最早的蓟国选择了这里，莲花池水哺育了最初的北京人。进入周朝后，蓟仍被封为诸侯国，位置没变，但于公元前7世纪被燕国吞并，前后共存在了千余年。

> **蓟是（契阝）的通假字**
>
> 北京古称蓟，但蓟字始于汉以后，古蓟字写作"契阝"。许慎《说文解字》记载："周封黄帝后于契阝地，从契从邑，读若蓟。上谷有契阝县。"段玉裁《说文解字注》说："契阝、蓟，古今字也，蓟行而契阝废。"需要注意的是，契是商的始祖，《史记·殷本纪》记载："殷契，母曰简狄，有娀氏之女，为帝喾次妃。三人行浴，见玄鸟堕其卵，简狄取吞之，因孕生契。"商是一个古老部落，始祖契大约与夏禹同时代，被封于商。白寿彝主编的《中国通史》认为契既为商的始祖，那么契阝应该是契的邑。北京最初命名为契阝，绝不是一个偶然的事件，说明北京地区与商族的起源有着密切的关系。

接下来是燕国。周武王坐天下后，把他的堂弟召公奭封在了燕地，建立燕国。最初叫匽国，后来改称燕国，都城中心在今房山区琉璃河附近。300年后燕吞并了蓟，并迁都于蓟。需要说明的是，北京有大小两个燕山。

小燕山位于房山一带；大燕山在北京的北部，属于燕山山脉。从时间顺序上讲，小燕山早已存在，并且在周之前，这里就有以燕为号的小国。周朝分封的燕国出现之后，逐渐强大并向北发展，才出现了大燕山的说法。燕国存在 800 多年，曾一度向北发展到今我国吉林以及朝鲜一带。但都城绝大多数时间都在北京。燕国曾有两次受到山戎、东胡的侵扰，被迫迁都到临易，即今天的雄安新区，但是很快又迁回来了。

在燕国灭亡 1 000 多年之后，五代十国时期，军阀石敬瑭为了让北方的契丹国帮着他打天下，与契丹做了笔交易：自己做契丹国的儿皇帝，并把燕云十六州割让给了契丹，即后来的辽国。于是北京地区作为燕云十六州的一部分便归属了辽国。辽国实行游牧民族制度，设有 5 个都城。938 年，辽太宗把辽国的"南京"设在了这里，具体位置也是在北京城的西南部。天宁寺桥边上至今还矗立着一座辽塔。在辽的 5 个都城中，南京规模最大，也最繁华。因为这里是农耕文化，适宜搞城市基本建设。至 1125 年辽国灭亡，北京作为辽都共 187 年。

北京在辽代的正式名称是南京

公元 936 年，石敬瑭割幽云十六州于契丹，从此今北京地区纳入契丹的版图。鉴于幽州地位的重要性，辽太宗会同元年（938）升幽州为南京，设为陪都，为辽朝五京之一。辽朝还设南京道，道相当于今天的省，管辖地域大约在今大清河、海河以北，长城以南的北京、天津和河北省部分区域。辽代，北京所在的南京道是农业最为发达的地区，因而南京城在辽五京之中最为富庶，是一个经济繁荣的都会。

1115 年，完颜阿骨打在哈尔滨附近的阿城建立了金国。金崛起灭辽后，于 1153 年迁都到了这里。具体位置也是在北京城的西南部。至 1214 年受蒙元打击被迫迁都到开封，金国在这里建设了 61 年。

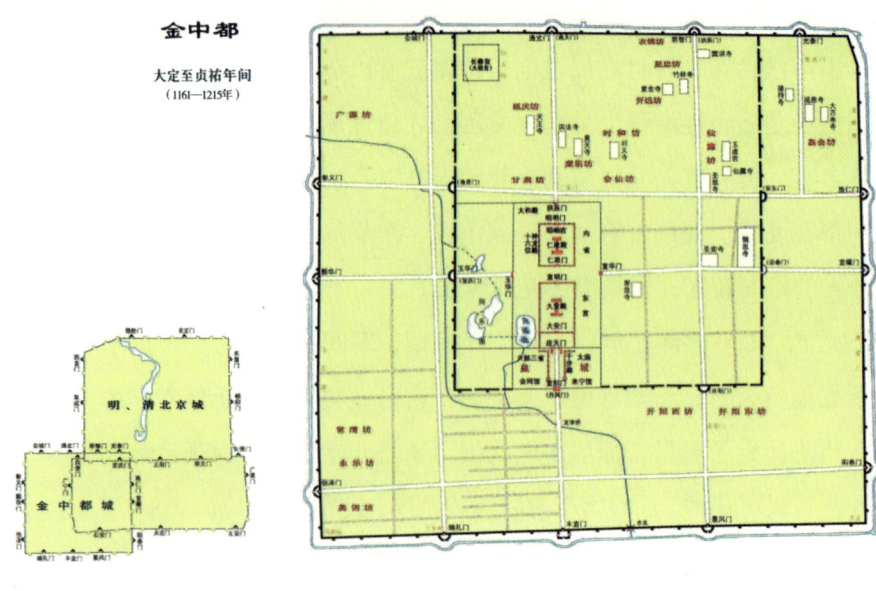

金中都示意图
(资料来源：侯仁之主编，《北京历史地图集(政区城市卷)》，北京出版社，1997)

当然，北京作为诸侯国或割据政权的都城，不止上述几朝，还有前燕、大燕等短暂的存在。这里的大燕是五代时期军阀刘守光建立的，不是安史之乱中安禄山建立的那个大燕，安禄山的那个大燕在洛阳。安禄山死后，史思明后来在范阳称帝，即今天的涿州，当时跟北京(幽州)属于一个地区，但毕竟不是在北京城。前燕的情况大家都比较熟悉，燕王慕容儁于 352 年称帝，并从辽阳迁都到这里，建设了 5 年。

所以在这两千多年里，北京的重心始终在西部和南部，靠永定河水的哺育而存在和发展。许多文化遗迹也都留在了这里，如有 1 700 年历史的潭柘寺、1 400 年的戒台寺、1 200 年的灵光寺、1 000 多年的龙泉寺等。

三、依运河而盛的北京城

古时候交通运输是个大问题。在各种交通运输方式中，水运最高效、平稳、安全、省力。因此交通运输的主要途径肯定是河流。当天然的河流满足不了需求的时候，就需要开凿人工河流，这就是运河形成的原因。当然，除了具有交通运输功能外，运河还兼有灌溉、抗旱、排涝等功能，但主要功能是交通运输。在各种交通运输任务中，保证首都与地方的运输线畅通是头等大事，并且历朝历代都是如此。如秦始皇统一中国后，就以咸阳为中心，修了9条辐射全国的驰道。北宋赵匡胤原计划定都洛阳，后来经过反复论证，最后定都开封，原因便是有运河之利。

在数千年的封建社会中，都城多半在中原，而南方又是鱼米之乡，所以解决南北交通运输问题，必然成了首要问题。我国地势西高东低，落差数千米，决定了几条大水系都是东西走向，一江春水向东流。所以要沟通南北，只好开凿人工河流。我国历史上开凿的运河大大小小近万条，其分布几乎遍及大半个中国。其中较小的运河一般都为了解决局部问题。而建设国家级的交通大动脉，则需要庞大的投入，有时甚至是举国之力。

现在一般公认我国最早的运河，是公元前486年，吴王夫差在扬州开挖的第一条沟渠，其目的是北伐齐国，向前线运送兵力和军用物资。他从扬州一气向北开凿了200公里，直抵淮安，连通了长江与淮河两大水系。当然，盲目自信、想当盟主的夫差，最终的结果是葬送了吴国。因周朝时在扬州地区曾有个小诸侯国叫邗，后来被吴国吞并，所以这一带常以邗来命名，这一段运河便被叫作邗沟。

公元前360年，魏惠王开凿了另一段沟通黄河与淮河的运河。它西起荥阳，向东到开封，折而南下，入颍河、通淮河。这段运河叫鸿沟。鸿沟在历史上极其有名，刘邦和项羽曾在这里隔沟谈判。鸿沟完成后，长江和黄河便被运河连通起来。

隋炀帝能力很强，优点也可以列出很长一串，但是也有致命的弱点：不仅好大喜功、穷兵黩武、刚愎自用，而且自认为是千古一帝，对历史上的帝王他几乎都没瞧上眼。隋炀帝继位后，在5年时间里3次开凿大运河。以洛阳为中心，向南修到杭州，向北修到北京通州。运河全长2 700多公里，跨越地球10个纬度线，成为中国古代运河之最。

元代建都北京之后，当然也要首先解决建设交通大动脉的问题。忽必烈用了11年时间，完成了北京—杭州运河的直通，不再绕道洛阳。运河改成直线后，全程约1 800公里。

从元代起，北京才真正成为统一全国政权的首都。忽必烈1260年在开平即大汗位，1264年改元至正，1267年进入北京。

元灭金时，金朝宫殿毁于战火，成为废墟。如何建设新都？忽必烈把这个重要任务交给了两个人：刘秉忠和郭守敬。他们一个搞城市规划，另一个搞城市水网布局，经过认真研究，二人决定放弃原北京城的中心，放弃对永定河的依赖，另起炉灶。确定了以什刹海的东岸为大都中轴线，在今二环路以内的范围打造新城。所以，现在北京的基本格局是元朝确立的。

关于城市水网建设这个复杂的系统工程，郭守敬做了统一规划，主要目标有二：一要解决京城用水问题；二要与运河连通起来，把运河引入城内，提升交通运输效率。

昌平白浮泉

具体做法是，以京北昌平白浮村的白浮泉为源头引水进京（为便于说明，以下均使用今北京市地名）。在泉水进京途中，汇集沿途的泉水和支流，注入颐和园的昆明湖。再从昆明湖经高粱河流至西直门水关，再到积水潭、沙滩，经皇城东墙外的北河沿、南河沿、正义路至两广路，转向东南，经东便门入通惠河，继续向东奔通州，进入北运河。全长82公里。这样一来，从理论上说，漕船哪怕从杭州起航，也可直达北京城内积水潭。

从城市建设的角度看，元代之前的北京城，留下的历史痕迹不多。这大概有几个方面原因：一是中国的建筑以木结构居多，很难历千年而不朽；二是土石结构的普通建筑，质量没那么高；三是北京过去大多是县郡州所在地，顶多是地方割据政权，不可能有太高档次的建设；四是中国传统历史上有个特点，新政权建立，往往对旧政权不仅要在精神上摧毁，还要在物质上摧毁，这基本上是中国历史政权更迭的铁律。还有一个重要原因，就是古时候交通运输很困难。隋炀帝虽然把运河修到了通州，但对发展北京似乎没有起到很大作用。其原因之一是这里是运河的尽头，是个死胡同，流通性很有限；还有更重要的原因就是北京属于边陲，经常发生战争，破坏性很大，不宜大搞基础设施。所以北京在元代之前少有持久的大建筑。

而到了元代情况就不一样了。当时北京是全国的都城，可以充分发挥举国体制优势来建设首都。所以全国的优质建材以及柴米油盐、绫罗绸缎等各方面的优质物品，都可经运河源源不断地运到首都。

实际上，北京现存的重要历史建筑大多建于明朝。明虽最初建都于南京，但是当时北京毕竟是燕王朱棣的根据地。朱棣10岁被册封为燕王，20岁来到北平，到39岁发动靖难之役，在这里盘踞了20年。后来朱棣虽然在南京登基，但始终在筹划着回到他自己的龙兴之地——北京。所以尽管在南京做皇帝18年，晚年还是迁回了北京，并且为了这一天，提前修建北京城长达十几年。紫禁城、天坛、先农坛、太庙（今劳动人民文化宫）、社稷坛（今中山公园）、孔庙等一大批建筑都气势恢宏，包括后来的十三陵，规模宏大，前无古人，明代重建的万里长城更是举世无双，其优质建材都来自全国各地。

清 1644 年入关，天下未定，20 年后才将大陆上的明朝残存势力彻底清除；又过 9 年（1673 年），爆发了三藩之乱，又连续打了 8 年仗；到 1683 年收复台湾，天下才彻底平定。平定天下后，康熙帝开始大兴土木。清廷的开明之处在于保留了前朝宫殿，而在北京城西北另修三山五园。所需天下奇石异木，大多通过水运到达京城。三山五园持续修建了 200 多年，一直到清末，慈禧行将就木之时还在下令修整颐和园。

今颐和园

四、大运河漂来的北京城

从文化的角度看，应该说，各个历史阶段都给北京留下了特有的文化痕迹。只是时间越久远，痕迹越模糊，越近则越清晰。

先秦的幽燕文化，造就了北京人粗犷豪爽、任侠尚武、慷慨悲壮的品格。如荆轲刺秦王，风萧萧兮易水寒，壮士一去兮不复还。这种壮举反映了北方人的特点，它构成了北京文化的源头。在汉晋之后的千余年中，北京文化呈现出多元混杂、民族融合的特点，既包括汉民族与少数民族的融合，也包括农耕文化与游牧文化的融合。在元代之前，北京总体上是一种区域性文化。全国文化中心在很长时间里一直位于中原，如西安、洛阳、开封等地。永嘉之乱、安史之乱、靖康之难等几次大规模衣冠南渡，推动了南方的文化兴盛，形成了与中原京都文化相映成趣的局面。与中原、江南相比，北京地区的文化相对落后，与二者形成了较大反差。特别是从隋炀帝到忽必烈的600年间，南方处于唐宋的文化高峰，而北京地区要么是边疆战火，"渔阳鼙鼓动地来，惊破霓裳羽衣曲"，要么是少数民族政权管辖，"大漠沙如雪，燕山月似钩"，文化交流受到很大阻碍。

北京文化的真正兴盛始自元朝。因为从元朝开始，北京成为中华民族历史舞台的中心。元孕育的是一种开放的文化。在元朝治理下，北京的文化兼收并蓄，是典型的多元文化混搭。大体呈现以下几个特色：

（1）农耕文化。尽管经过了数百年的北方少数民族民族文化与汉文化的交融，但北京地区还是以农耕文化为底色。

（2）游牧文化。辽、金、蒙等少数民族政权的建立，给北京地区带来了大量的游牧文化元素，从吃、穿、用到语言、习俗、艺术等都有涉及。

（3）藏传佛教。元朝和平解决了西藏问题：西藏归顺元朝，元朝上层统治者信仰藏传佛教。1253年忽必烈在六盘山接受萨迦教主八思巴灌顶，并奉其为上师。1260年忽必烈即蒙古大汗位，封八思巴为国师，统领天下释教，并委托八思巴参照梵文创制蒙古文；1270年忽必烈封八思巴为帝师，从此创立了帝师制度。现如今北京的白塔寺就是忽必烈下令修建的藏传佛教建筑，1279年竣工。

（4）伊斯兰文化。蒙古西征时曾横扫中西亚，消灭了存在600多年、庞大的阿拉伯帝国。元朝建立后，许多阿拉伯人来到北京，带来了伊斯兰文化。

（5）基督教文化。蒙古西征曾一直打到欧洲，元朝建立后，不少欧洲人陆续来到北京。如威尼斯商人马可·波罗17岁时就随着父辈来到中国，还被忽必烈派到扬州当了三年地方官。忽必烈也在京城为基督教修了教堂。

（6）道教文化。道教原分南北两派。北方的全真派真人丘处机曾奉成吉思汗诏，驻北京白云观掌管道教事务。后来忽必烈又把南方的正一教引入京城，使京城成为名副其实的全国道教中心。

（7）皇家文化。成为首都的北京，开始具有了皇家气派，皇家文化开始形成，体现在建筑、服饰、饮食、礼仪、艺术、行为规范、文化消费等各个方面。

（8）南方汉文化。元帝国作为中央集权国家，首都必然具有巨大的向心力和汇聚力，全国的文化精英和优秀文化成果都必然往京城集中。比如忽必烈曾下令，从全国各地特别是从南方征调大批的文化人进京任职，如书法家赵孟頫。赵孟頫不仅书画一流、诗文一流，行政能力也很强。他32岁进京，在朝廷工作37年，历仕五朝。

（9）商业文化。蒙古作为游牧民族，很重视商品的交换和社会的流动，元代的航运能力也比前朝大大进步，进一步推动了商业发展。

（10）文化创新。除了吸纳全国优秀人才和文化成果，京城自身的文化也有巨大的开创价值。元曲便是中华文化一座新的艺术高峰。元曲是一种集文学创作、作曲、表演于一体的综合性艺术形式。此前的楚辞汉赋唐诗宋词，消费对象主要是文化人。戏曲就不一样了，表演起来有声有色、惟妙惟肖、通俗易懂，妇孺老幼皆可接受，传播力、感染力大大增强，文化传播的范围和深度大大拓展，并进一步推动了市井文化的形成和发展。

一批大艺术家如关汉卿、马致远、王实甫等不但兴起于京城，而且还经常与全国各地的艺术家进行交流，切磋技艺。总之在元朝，北京在政治、经济、文化、交通、商贸、外交等各方面都呈现了前所未有的繁盛，达到了北京的历史高峰，这在很大程度上得益于运河之便。

明朝是中国历史上最后一个由汉族统治者建立的王朝。朱元璋为了强化皇权专制，废除了实行1 600多年的丞相制

赵孟頫画像

度，并且加大了巡视监察力度。结果子孙们不争气，贪图享乐，消极怠工，有的甚至多年不上朝，反倒促成了文人群体主导国家行政的局面，促进了明朝文化的兴盛。

在文学艺术方面，《西游记》、《水浒传》、《三国演义》、《金瓶梅》、《封神演义》、《东周列国志》、"三言"、"二拍"以及汤显祖的"临川四梦"等大批传世佳作如雨后春笋般问世，《杜十娘怒沉百宝箱》《金玉奴棒打薄情郎》《转运汉巧遇洞庭红》等故事家喻户晓，而且文化艺术越来越走向平民化与世俗化。

在哲学思想方面，明代硕果累累，产生了王廷相、王阳明、王艮、王畿、陆楫、李贽、黄宗羲、顾炎武、王夫之等众多思想家和大量具有开创性的思想成果，使中华思想文化达到新高峰。如王阳明的心学，以心为本，知行合一，影响深远。黄宗羲旗帜鲜明地指出君主专制下的法律不过是一家之私法，君为天下之大害，提出建设法治社会，应该让学校独立于天子来裁定是非，其思想启蒙作用具有划时代意义。这些文化人的文化作品和思想成果，或诞生于京城，或活跃于运河沿线，或通过运河来实现传播和交流。

李卓吾墓在大运河畔

李卓吾名贽，号宏甫，今福建泉州南安市人，出生于明嘉靖六年（1527），卒于万历三十年（1602），享年76岁。李卓吾乃我国明代著名进步思想家，因反对且批判伪道学，屡遭当权者政治迫害。万历二十九年（1601），李卓吾在湖北麻城受到陷害，其好友马经纶将他接到通州，在马家别业莲花寺内进行讲学。次年，明神宗下诏将其逮捕入狱，李卓吾以死抗争自杀身亡。马经纶将其葬在通州城北马厂村西迎福寺旁边。民国初年，李卓吾墓碑被推倒，后又被立起，并建碑楼。1953年，李卓吾墓迁移至通惠河北畔大悲林村南；1983年，当时的通县政府将李卓吾墓移建于西海子公园内；1984年，升级为北京市文物保护单位。

清代前期比较开明,不仅商业、手工业有了较快发展,而且西学东渐步伐较快。从乾隆中期开始闭关锁国,禁止百姓接触洋人和西方文化,但是皇家贵族却在及时、大量地享用西方文明成果,他们戴着洋眼镜,看着洋钟表,欣赏西方油画。圆明园中的西洋楼,即是当时欧洲最流行的巴洛克和洛可可式建筑风格,由意大利艺术家郎世宁等人设计。

在清代中叶,我国剧坛上除了昆曲之外,许多民间地方戏曲兴盛起来。当时的戏曲演出中心,北为北京,南为扬州。各地的戏曲艺人大多流向扬州。乾隆在40岁到80岁之间曾六下江南,大多驻跸扬州。地方上除了亭台楼阁、锦衣玉食,还多用具有地方特色的戏曲来侍奉这位皇帝,生生把乾隆帝培养成了戏迷和票友。1790年乾隆八十寿辰时,地方官们精心组织了徽戏歌舞团,由"三庆班"班主高朗亭率领,沿着运河一路北上,进京参加祝寿演出。获得成功后,又有四喜班、和春班、春台班等徽班陆续进京,

沈蓉圃绘《同光十三绝》中徽班进京后扬名的13位京剧演员

并逐渐称雄于京华剧坛。徽班进京途中，也把该剧种传播到了运河的整个沿线地区。

经过千百年的孕育和孵化，时至今日，沿着运河基本形成了每隔100公里左右诞生一座二线城市、每隔30公里左右诞生一个三线城市的局面。运河就像一条银链，把这些城市串成了美丽的项链。为什么会出现这样的现象？这与漕船的航行节奏有直接联系。

进入民国时期，随着铁路出现、汽车出现、飞机出现，打破了水运独霸天下的局面，运河开始走下神坛，逐渐退出历史舞台。

今天，海陆空交通运输已经十分发达，仅从交通运输效率的角度看，运河总体上已经退出了历史舞台。但是，作为中华民族的重要文化遗产，运河的精神价值依然存在。它启示我们，要建设好一个城市，就必须注重它的流动性、开放性、包容性、创新性，以及开拓进取精神。要用我们的智慧和汗水，塑造出今天的北京所独有的内涵、品格、信念和思想。

第三章

运河上的古村落

北京地区大运河的水运功能虽然不再,但是历经千年而积淀下来的文化却依旧保留在沿线的古村落中,保存在人民的生活习俗中,存留在人们的精神世界里。千百年来,大运河与古村落共生共存,早已连为一体,不可分割。古村落不仅是一种建筑和居住形态,也是传统文化的物质载体,不仅仅是乡愁记忆的体现,更是人类精神家园的寄托。

一、九十九道弯的北运河

在京津地区,北运河是京杭大运河主干线上最北端的自然河流,古名潞水、白河、白漕,清代始称北运河。全部河段北起通州北关闸,南至天津三岔口入海河,地跨北京市通州区、河北省香河县、天津市武清区和天津市区。金代定都燕京,实施漕运制度,北运河成为重要的漕粮运输通道,元明清三朝继续利用北运河向北京运输漕粮。漕粮由漕船运输,每艘漕船有载重量的要求。从明清漕船规制来看,漕船航行对于河道水深要求维持在4尺以上,这就需要运河保持一定水位。但是北京至天津之间河流比降较高,若河道顺直,则水流迅速,不利于航运。北运河由于河道不稳定,河道易于迁移,难以在河道上修建闸坝。因此,为了减缓水面比降,有意使河流保持弯曲形状,避免河水下泄过快,使河水保持一定深度,用以续航通运。《光绪顺天府志》记载:"就河言,疏北运河宜曲,资蓄水也;永定、清河、子牙诸水宜直,免顶冲也。"书中明确指出,北运河因蓄水通航需要,其治理以保持河流弯曲为主要特征。运河保持弯环形状,通过增加河流的长度,降低了河流向下游流动的坡度,从而减缓河流的流速,使河道中得以存蓄足够的水量,起到了河闸蓄水的作用,故运河上有"三湾抵一闸"之说。例如,北运河在张家湾就有一个大弯环,嘉庆六年(1801)北运河大水,在小圣庙附近的温家沟决口,径直而下,当时朝廷议论修复运河旧道时,就谈到运河河道保持弯曲对于航运的意义。《清嘉庆实录》记载说:"张湾一带,前人开浚运道,故纡其途,本有深意。盖因地势北高南下,土松沙活,不能建设闸坝,全赖河道湾环,得以蓄水转运。若溜势由北直向南趋,恐不免一泄无余,殊于运道有碍。"民国人林传甲在《大中华京兆地理志》中说:"北运河多湾曲,治河工者方拟裁湾取直。张家湾为湾之最著者。潞河自东北来,折而东,舟运盛时,运河帆楫,虽遇顺风,亦须拉湾,盖河之湾处,顺风为逆风也。至河滨老舟子,有谓河之湾曲,可杀水之奔放,若一律改直,则恐水患益烈。"成书于民国时期的《河北五大河概况》记载:"(潮白河)至通县(现通州)会榆河,水势乃盛,惟水流湍急,不利于上行之舟,故以人工迫河曲流以期减杀速率,此为一时交通计,诚善矣。"因此,古人在治河时,有意维持河道的弯曲,以保证河道有足够的存水用于航行,《二十世纪初的天津概况》记载了白河名称来源的一个解释:"还有说是因为(白河)流经的区域有九十九道弯,缺一而成百,所以使用'白'字。"这个解释虽然不是白河名称的真正来源,但是其在文化意义上则说明了白河河道弯环曲折的事实。

二、因运河而生的古村落

北运河自金代开始就是漕运要道,一直到清末停漕为止,长期的漕运功能使得北运河沿线出现很多富含运河文化元素的古村落,有的因运河而诞生，有的因运河而繁荣，至今绵延不息。

（一）张家湾——京东第一大码头

至元二十九年（1292），郭守敬主持开凿通惠河，自昌平白浮泉引西山诸水入积水潭，东至通州高丽庄入白河。元代高丽庄是今张家湾村西的大高力庄村，当时，张家湾村还未形成，故《元史》记载通惠河在高丽庄入白河。郭守敬在通惠河入白河处建造了两座河闸，名河门闸，分上闸和下闸，后改称广利闸。作为通惠河和白河的衔接之处，河门上下二闸是漕粮、各种商品和物资的转运之地，各种从业人员聚集于此，逐渐形成聚落。根据文献记载，张家湾得名与元代张姓万户督运海粮至此有关。

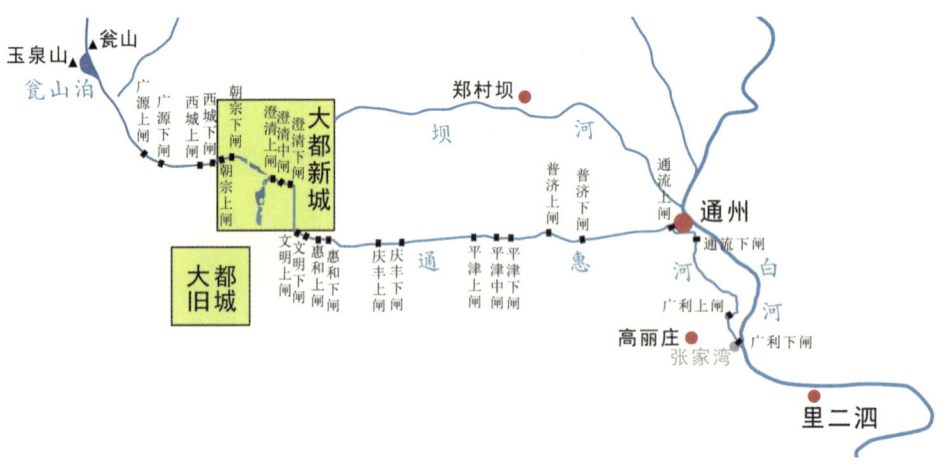

元代通惠河二十四闸示意图

高丽庄

高丽庄，相传唐太宗征辽东，将一部分高句丽人迁于此处，由此形成的村落叫作高丽庄，即今通州区大高力庄村。该村已经拆迁，其地成为环球影城一部分。

张家湾最早出现于明代的文献中,其兴起和发展与运河漕运直接相关。明初建都南京,将元大都改为北平,于是此地成为北方边镇。此时,从北平至通州的通惠河因失于修治而淤塞。永乐皇帝迁都北京后,京师百官、贵族集聚,驻扎大量军队,加上长城沿线的驻军,粮食需求大增。为此,明政府继承金元漕运制度,借助运河从江南和中原等地将粮食运输到北京。漕船经运河北上至张家湾后,向北航行困难,因而各种物资皆在张家湾转运,张家湾遂成运河北端漕运枢纽。明成化八年(1472)以前,明朝从南方向北京输送漕粮无定数:洪武时期约数十万石;永乐时期,每年漕粮数额在200万石~300万石之间;宣德七年(1432)达到最高峰,为670万石;正统年间每年漕粮运量在450万石左右;成化八年开始规定岁运漕粮400万石。出于中转需要,朝廷在张家湾还曾设置通济仓,以便暂时存储漕粮。另外,明成祖迁都北京后,大规模建设京城,营建工程所需的楠杉大木、各种砖料、花斑石等各种建筑物资,其他商品和食盐等物资也都在张家湾卸载,然后再转运到北京城。大量漕粮转运和其他物资中转促进了张家湾码头的发展,据《漕河图志》记载,"张家湾广利闸在中码头西,上至通流下闸十一里,下至闸河口二里",同书记载桑干河条时说:"其一名浑河,东流至通州张家湾下码头入白河。"对照后来张家湾上码头、中码头和下码头,可知至迟于明弘治初年(1488),张家湾已经形成多处码头群。明代营建北京城的各种物资在此上岸入京,来自海内外的各种商

20世纪30年代的张家湾古城南门和通运桥

品汇聚于张家湾，外国使臣和商旅行人皆至张家湾舍舟登陆。因此，张家湾集漕运、商品物资运输和客运功能于一体。嘉靖《通州志略》描述张家湾为南北水陆要会，人烟辐辏，万货骈集，为京东第一大码头。

张家湾古城建设时间较晚，明嘉靖四十三年（1564），顺天府尹刘畿，以蒙古入侵京畿地区，而张家湾为漕运要地，需要保护为由，请求修筑张家湾城。朝廷批准后，张家湾城得以迅速修筑。张家湾城并不规整，而是随河就势，只有北城墙稍微呈直线型，其余城墙均为弯曲形状。开四门，有城楼，后又于东城前南侧向西弯折处开便门一处，今玉带河上东门桥和东便门的虹桥遗址均在。新中国成立之前，日军和国民党军队均拆城墙建设工事等设施，今仅留南城墙，南门外的通运桥保存较好。

张家湾古城南门和通运桥

张家湾凭借水陆码头地位,商业十分繁盛。《长安客话》有记载:"张家湾为潞河下流,南北水陆要会也。自潞河南至长店四十里,水势环曲,官船客舫,漕运舟楫,骈集于此。弦唱相闻,最称繁盛。"张家湾设有宣课司,其商业之繁盛,可以从《明史·食货志》中关于商税的记载看出来:"崇文门商税、牙税一万九千余两,钱一万八千余贯。张家湾商税二千余两,钱二千八百余贯。"张家湾设有巡检司、料砖厂、花板石厂、铁锚厂等机构。明朝丞相徐阶曾在《张家湾城记》中描述说:"自都门东南行六十里,有地曰张家湾,凡四方之贡赋与士大夫之造朝者,舟至于此,则市马僦车,陆行以达城下,故其地水陆之会,而百物之所聚也。"

清弘旿绘《京畿水利图卷》中的张家湾

张家湾不仅是运河枢纽,也是京城送行人离别之地,"出都门半取水道,送行人,闲者别张家湾,忙者置酒此祠亭(崇文门外三忠祠)"[①]。明人张邦奇于正德六年(1511)秋八月二十二日离京回乡,同僚湛原明等数人、同乡陈公辅等十余人在崇文门外置酒辞行,工部曾主事迎于通州,下午申刻抵张家湾,自张家湾登船南下。清人陈康祺在其著作《郎潜纪闻》中说:"士大夫往来京师,多假道通潞,故其地张家湾、河西务诸名,最熟人口。"

---

① 【明】刘侗、于奕正:《帝京景物略》卷2《城东内外》。

嘉庆十三年（1808），北运河大水，运河再次从康家沟南下，张家湾正河淤浅，清廷无力疏浚旧河，从此漕船经行康家沟新河道，不再经过张家湾，张家湾因失去漕运枢纽地位而衰落下去。

（二）里二泗——妈祖文化最先传入北京的村落

根据研究，元代海运对妈祖文化传播和妈祖信仰地位的提升起到了极大的推动作用。自至元十九年（1282）海运试行成功，元政府便开始大规模试行漕粮海运，但海上风涛险恶，常有海难发生，损失巨大。负责海运的船工、水手普遍是妈祖信仰者，元政府顺应航海者的精神需求，推崇妈祖信仰。说来也巧，在元朝统治者大规模祭祀妈祖的次年，海难事件竟然大为减少。《元史》中记载说："至元中，以护海运有奇应。"由此，更加重了官方与民间对于妈祖信仰的推崇。元朝对妈祖赐予更高封号，并将其纳入国家祭祀系统，每年春秋派遣专使前往妈祖庙祭祀。漕粮海运过程中，祭祀妈祖是漕运的重要环节：在海运漕船出发之前，江南官员要在出发地举行隆重的祭祀妈祖的仪式；在海运漕船顺利抵达直沽后，中央政府会派出重要官员至直沽祭祀妈祖。《元史》多次记载海运漕粮抵达直沽后皇帝遣使祀海神天妃之事，"海运漕粮至直沽，遣使祀海神天妃"。漕粮海运进一步巩固了妈祖作为海上航行保护神的地位，也使得妈祖信仰的范围大为扩展。在这种背景下，妈祖文化开始进入北京地区。

里二泗

《元史·河渠志》中记为"李二寺"，里二泗得名可能与泗河有关。自1293年郭守敬开凿通惠河成功以后，张家湾成为榆河、潮白河、浑河和通惠河四条河流汇总之地，因此，人们就把张家湾以下的一段潞河叫做泗河。明人蒋一葵《长安客话》中关于泗河条目记载说："四水会流，故名泗河。"里二泗就位于张家湾以东十余里的泗河之畔。

元代海运漕粮自直沽沿着今北运河至里二泗，然后再运进大都。作为海运漕粮进京第一站，里二泗是妈祖文化最先传入北京的地方。漕粮浮海而来，历经千难万险，船工水手感谢妈祖保佑，于是在里二泗码头南侧建庙祭祀，称天妃庙。明代，里二泗依旧是运河北端的重要码头之一，漕船经行之地，南来北往的人汇聚于此，天妃宫原有宫殿已不能满足朝拜香客的需求。嘉靖十四年（1535）道官周从善将天妃宫扩建，并请世宗朱厚熜钦赐名为"佑民观"。康熙二十八年（1689）八月，康熙皇帝率太子等众人驻跸佑民观，巡视运河并亲书"保障漕河"赐予佑民观。旧时佑民观坐南朝北，观前即大运河。据考古勘探，里二泗码头就在现在佑民观和小盐河之间的空地处，为城砖砌垒，现完整保存于地下。《帝京岁时纪胜》记载里二泗"前临运河，五月朔至端阳日，于河内斗龙舟，夺锦标，香会纷纭，游人络绎"，里二泗龙舟会是京东著名的民间风俗活动。

佑民观门前的牌楼

佑民观内供奉的妈祖像

三、物资运输与古村落

明成祖朱棣迁都后，开始建造北京城。从全国各地向北京运送各种建筑物资，包括木材、砖料等。这些来自全国各地的建筑材料要从产地开采，绝大部分经由大运河运至北京地区，并存放在北京城内外。通州作为物资中转地，出于物资运输和存储的需要，形成很多存储物资的厂库，并因人口集聚而逐渐形成村落。

在明代北京营建所需的各种物料中，以木材采办耗费的人力和物力最多。《明史·食货志》说采造之事，"最巨且难者，曰采木"。中国古代建筑尤其是宫殿的结构主要是由木料辅以砖石组成，所以营建宫室需要大批的木料，而能够符合宫殿尺度的只有楠木或杉木，明代所采办的木料也主要是这两种。宫殿建筑需要的楠木、杉木等大型木材，大都来自湖广、四川、贵州的山区。可以想象，那个时代在深山老林之中采伐木材是怎样的一种体验，皇木的采伐与运输非常艰难，耗资极为巨大。如嘉靖二十六年（1547），遣工部侍郎刘伯跃采于四川、湖广、贵州，只是湖广一地就花费339万余两银子。万历年间，采楠杉诸木于湖广、四川、贵州，费银930万余两，较嘉靖年间耗费更多。采自深山老林的楠木从山中运出，利用长江支流运至长江，再从长江顺江漂流而下，至扬州转入运河，经由运河抵达通州。据吴仲《通惠河志》记载，成化七年（1471），漕运总兵官都督杨茂曾经上奏说通惠河石闸尚存，永乐年间曾于此河搬运大木。通惠河废弃后，大木运至北京，一般是在张家湾拖曳出水，再陆运至北京城内神木厂或大木厂。对于解送皇木者来说，由于大木运至北京木厂后才能取到批回文书，迁延归途时间，极为不便。嘉靖年间，工部主事王梃奏请，就在河边设置木厂，皇木抵达，立即验收入厂，既便于官府及时收纳木材，也利于运送者及时返回。今张家湾村东北有一个皇木厂村，这里就是明代存放自南方运来的木材之所。《通县地名志》说："明清时

皇木厂村古槐

营造北京皇宫所需大木自南方各地经北运河运抵该地储存，敕宦官、佑司把总署驻此，运木的车户、脚夫居此，渐成村落，故名。"直至清嘉庆十三年（1808）北运河改道后，张家湾皇木厂才停止使用。中华人民共和国成立后，皇木厂遗址上尚留一根镇厂木，直径近1.8米，两人立在该木两侧，互不能见。1958年大炼钢铁时，该木被用作燃料而毁灭。今皇木厂遗址处保留古槐一株，树龄已有600年之久，为通州区文物保护单位。

> **皇木厂**
>
> 　　北京地区的皇木厂很多，张家湾皇木厂只是其中之一。通州北关外有皇木厂，北京广渠门外有神木厂，城内有大木厂、山西大木厂等。

嘉靖七年（1528）通惠河河口北移通州城后，一部分木材存储在通州城北，故在通州城北也有一个皇木厂。顺治初年，通州、张家湾二处木厂各设笔帖士二人，验收运京木料。康熙年间开发塞外山场，许多商民进山伐木，商民砍伐潮河上游的木植，沿潮河运木到通州发卖。康熙二十六年（1687），通州木厂和潘桃、古北等长城以北口外木材运输等事务均划归通惠河分司管理。自此，通州北关木厂接收来自口外地区的木材，而张家湾木厂则接收来自南方各地的木材。

张家湾皇木厂村南，有明代的花斑石厂遗址。明北京营建工程使用的一种石料是花斑石。元大都宫城正殿大明殿就使用了花斑石。元朝灭亡后，明太祖朱元璋觉得此石太过奢华，改用金砖铺装地面。从嘉靖年间开始，北京宫城建筑大规模使用花斑石。在明十三陵，嘉靖皇帝的永陵就使用了大型花斑石。万历皇帝建造定陵也大量使用了采自河南浚县善化山的花斑石。万历年间重建乾清、坤宁两宫，曾从徐州采办花斑石。花斑石来自山东、河南、徐州等地，利用运河从开采地运至通州张家湾，为了减轻运输重量，这些石料在开采地直接打磨成细料。明代张家湾设有花斑石厂，专门存储花斑石。1998年，张家湾皇木厂村在旧村改造中，于村南出土40余块花斑石，最大一块高达5米、重20吨。花斑石出土处位于古大运河故道旁，目前尚有许多花斑石埋藏在原处。

皇木厂村出土的花斑石

苏州金砖

四、运河商业与古村落

大运河南北连接海河、黄河、淮河、长江和钱塘江五大水系，形成贯通国内各地的交通大动脉，成为沟通经济、交流文化的重要纽带。明清时期漕船不仅仅运输物资，还可以附带一定数量的商品。明代为了补贴运军生活，制定了"土宜附载"制度，即在运输漕粮以外，可以附带一定数量的土特产品，沿途售卖，换取生活物资。明成化十年（1474），规定运船每船附带土宜10石，但后来这一限制一直被突破。嘉靖时朝廷规定漕船附带土宜数量不超过40石，万历六年（1578）增至60石，意味着漕船能附带更多的商品。明后期，漕政遭败坏，土宜附载制度有名无实。明代漕船数量最多时达1.1万多艘，其所带的商品数量十分可观。清初运河上漕船数量有一万多艘，后来漕船数量减少。雍正四年（1726）运河上漕船数量为6 000多艘，乾隆十八年（1753）漕船数量将近7 000艘，道光年间，漕船数量仍旧保持在6 000多艘。伴随商品经济发展，清代对漕船携带土宜商品的数量相比于明朝限制愈加宽松，漕船携带土宜的作用是"恤丁伍而通商贾"，显然漕船还承载着繁荣商业的功能。雍正七年（1729）令漕船带货"于旧例六十石之外加带四十石"。雍正八年（1730）定每船所带免税土宜合计为126石。嘉庆四年（1799）又准每船增带土宜24石，共150石。道光八年（1828）又增为180石。除了漕船运输商品之外，运河上还有大量的商船专门从事商品物资交流，所承载的商品物资数量更是无法统计。南方漕船北上时携带土宜商货种类繁多，有农产品如落花生、茶、烟草等，棉纺织品如水纱布、黄唐布、生白布等，丝织品如绸缎、丝线等，油类如桂油、柏油、香油、桐油等，酒类如色酒、绍兴黄酒，纸张如毛边纸、色纸、表料纸、荆州纸等，以及各类药材、水果、竹木手工制品、铁器铜器制品、各种杂货等，竹木、窑货等均不算商品而可随意携带。漕船南下时所带商货主要是各类农产品，水果类如梨、枣、柿饼、核桃等，农产品如豆、麦、棉花、瓜子、烟草等，手工业制品较少。

携带数量，准带 60 石免税。土宜附载制度使得漕船能够携带商货沿途售卖，对南北经济交流起到了巨大的推动作用，繁荣了城镇商业，丰富了人民的物质生活。在运河沿线，兴起了很多的商业城镇，如苏州、扬州、淮安、济宁、临清、天津、通州等。在这些大的商业城镇之下，还有很多规模较小的商业集市。在北运河沿线，规模比较大的乡村集市有蔡村、杨村、河西务、萧家林、马头等。

通州区漷县镇马头村历史上就是一个著名的集市。马头村位于北运河西岸，向南有大路可通向永乐店地区，向西有大路通向于家务、马驹桥、牛堡屯等地区，向北有道路通向漷县、张家湾地区，正是借助水陆交通枢纽的地位，这里成为通州南部和西南部地区与运河进行物资交流的重要地点，在运河岸边形成商货码头，交易繁盛。商业的繁荣促使运河码头附近形成村落，便以码头命名。过去由于没有地名标准化管理，文献上记载码头村时常常简写成"马头"。马头村集市贸易十分兴盛，每天都是集期，以至于民间有一句俗语叫作马头集——常事（市）。据《北宁铁路沿线经济调查报告》记载，民国时，码头镇（今马头村）逢单日为集，交易货品以杂粮为大宗，四周二十里农村均以此为集市。相邻的漷县村集市逢双日为集，四周数里乡村以此为集，集市规模远不如码头镇。当时北运河能航行单桅帆船，南达天津，北可抵顺义牛栏山。

漷（huǒ）县由来

漷县得名与辽金元时期的游猎文化有关。石敬瑭献幽云十六州给契丹，今北京地区纳入辽朝版图。北宋初，为夺回幽云十六州，宋辽之间爆发了战争。当时萧太后和其子辽圣宗因战事需要驻跸南京（今北京）。契丹贵族有"四时捺钵"制度，即每年春夏秋冬各个季节都要去打猎。萧太后和辽圣宗在南京期间，每年春季在通州南部延芳淀狩猎水鸟，遂于辽太平年间在延芳淀设漷阴县。元代因漷阴既为游猎之地，又为漕运重地，遂升漷阴县为漷州。明代，废漷州为漷县。清初

> 因潞县地瘠民贫，于顺治十六年（1659）并入通州，潞县城遂演变为普通村落。潞县地域范围覆盖今通州区张家湾镇南部地区、永乐店镇、潞县镇、于家务乡、马驹桥东部地区。

西集镇萧家林村在明代和清代早期是运河边一个重要的集市，嘉靖《通州志略》和康熙《通州志》均有记载。后来由于河道南移，萧家林集消失，而在萧家林村以南的运河边形成一个新的集市，后来形成村落，叫做辛集。

除了集市，运河沿线还有很多村落与运河商业有关，张家湾镇小盐河北岸有上店村，再向东过北运河，在潞城镇有夏店村，位于运河故道北侧。以前大运河是经上店至夏店流过的，上店与夏店是因为位于运河的上下游而得名（可见，夏店的正确书写形式应是下店）。西集镇有供给店，也位于大运河故道北侧。这些村落的形成显然与运河商业有密切关系。

五、运河堤防制度与古村落

北运河的主干河流是潮白河，潮白河号称"自在河"，河道迁徙无定。为了防止运河决口泛滥，保证运道平稳，堤防建设一直是治理的重点。金元时期，北运河就修筑堤防以保障漕运。永乐迁都以后，北运河作为漕运航道受到特别重视，明代大规模维修北运河堤防工程就有15次之多。万历三十一年（1603），朝廷对北运河堤防进行大规模修筑，当时按照工部建议，挑浚通州至天津的白河河道，深四尺五寸，所挑沙土即筑堤两岸。乾隆三十七年（1772），清廷大规模培护通州境内北运河的杨景芳堤、马头店堤、曹家庄堤、小屯堤等。据道光《潞阴志略》记载，通州杨家堤、马头店堤、马家堤、小屯堤等都是乾隆三十七年修筑的。为了巩固河堤，古人创造了堤上种柳之法。春秋战国之时我国就有在河堤植柳加固河堤的记载，《管子·度地》曰："树以荆棘，以固其地，杂之以柏杨，以备决水。"隋唐以后，河流堤防采用大规模种植柳树以固护堤岸。金元时期也很重视运河两岸河堤植柳，如当时设置都巡河官，其职责之一就是"栽植柳榆"。万历初年，总理河道大臣万恭在整个运河两岸种植柳树。《治水筌蹄》记载："自张家湾以及于瓜仪，循河两千余里，万历初植至七十余万株。后来者踵行之，则柳巷二千里，卷埽者有余材，挽运者有余荫矣。"栽植护堤的树种不仅仅有柳树，还有榆树、杨树等。在运河沿岸，有很多村庄叫"某（家）林"或"某林村"，如通州儒林村、萧家林、榆林庄；有的村落叫"某（家）巷"，这是河堤上绿柳成荫形成的柳巷之反映，巷有的写成"桁"，如通州区西集镇的陈桁村，在老地图上则标记为"陈家巷"；武清区有兰家巷。这些村庄的名称来历，即与河堤上种植的树木有关。

北运河两岸的杨柳

潮白河自古称作自在河，因其河道在京东平原上不断摆动，故潮白河两岸的人民经常受到水灾的袭扰。平家疃村就位于潮白河畔，为了避免被洪水淹没，村民们在平家疃村周围修建了一条大堤，用以抵御洪水。中华人民共和国成立后，由于水灾基本消除，平家疃村周边的防洪大堤也因失去维护而日渐消失，今天在村子周围有一个环形的小路，基本上就是沿着护村大堤的遗迹形成的。

六、运河中外交往功能与古村落

除了漕运和经济功能,大运河还是来往于京师与各地人员之间交流的通道,也是与海外一些国家的国际交往通道,频繁的人员往来对运河沿线的村落产生了重要影响。清人陈康祺在其著作《郎潜纪闻》中说:"士大夫往来京师,多假道通潞,故其地张家湾、河西务诸名,最熟人口。"

立禅庵村在张家湾西南,萧太后河南岸,村内曾有立禅庵,为唐大历年间净业院故址,明宣德三年(1428)因旧址重建,改名净业寺。嘉靖中僧时宝募修,陆光祖撰记,名立禅庵,后来形成村落,便以寺庙为名。立禅庵位于张家湾大运河客运码头附近,明清时琉球国来北京朝贡就经过这里。历史上,琉球是个独立的王国,是中国传统的藩属国。琉球自明初就成为明朝的藩属国,明清时期中国和琉球来往不绝,民间交往不断,直至清光绪五年(1879)日本吞并琉球国为止。琉球和中国贸易往来密切,深受中华文化影响,素有"小中华"之称。在明朝长达276年的统治中,明朝向琉球遣使20次,琉球向中国朝贡300余次,其关系可见一斑。明朝还向琉球迁徙了大量的福建人,也就是著名的琉球"闽人三十六姓"。闽人迁居琉球大大促进了琉球的发展,也促进了中国和琉球的关系。康熙二年(1663),清政府进行了对琉球的第一次册封,琉球正式开始向清朝奉表、纳贡。

明清时期,琉球经常前往北京朝贡。《清会典》记载有琉球贡道:琉球使节从那霸港出海,在福州闽安镇登陆,溯闽江而上,穿越仙霞岭,经过富春江抵达杭州,再沿着大运河到达北京城,通州张家湾是琉球国进出北京的必由之路。几百年里,琉球国人经张家湾来往于北京和琉球国之间,其中一些人因病或其他原因而去世,便安葬在中国境内。在北京的一些琉球国人去世后便埋葬在张家湾,以便于本国人祭拜。1992年,当时的通县文物管理所在唐小庄王姓村民正房后檐西端护坡处,发现一块琉球国人王大业（汉名）墓碑，为一块石灰岩石碑，碑首有"琉球国"3个字，碑身正中写有"陈情都通官王公大业墓"。根据石碑记载，王大业于光绪十四年（1888）十二月廿五日离世。

琉球国人墓地位于张家湾立禅庵村东南，占地约3 000平方米，紧靠张家湾大运河客运码头。最早埋葬于此的琉球国人是琉球国副贡使杨联贵（汉名），康熙五十六年（1717）葬，葬地有康熙帝谕祭碑。至光绪十四年，此处共葬有琉球人16位。雍正年间知州黄成章还立有保护琉球国墓通告碑。张家湾琉球国人墓凸显了历史上大运河在国际交往中的作用，也衬托出张家湾在国际交往中的重要地位。

如今，随着大运河文化遗产保护措施的加强，立禅庵村琉球国人墓地遗址已经得到有效保护，未来将作为大运河国际交往功能的历史见证向世人展示。

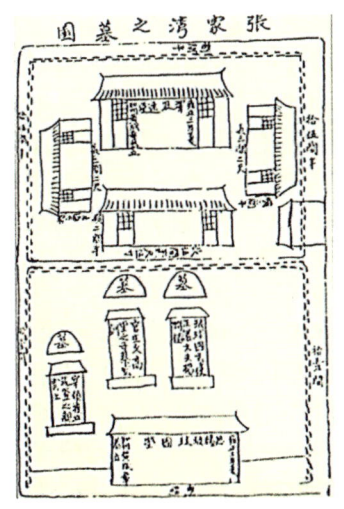
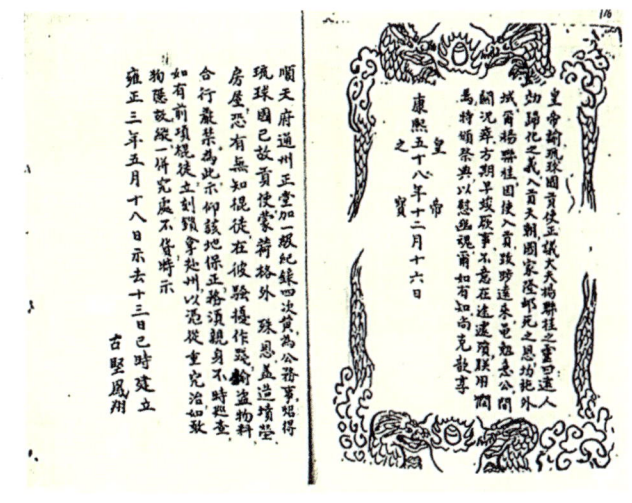

张家湾琉球国墓图（左）和日本国存琉球国墓资料（右）
（资料来源：北京市通州区文化委员会编，《通州文物志》，文化艺术出版社，2006年）

第四章

荟萃天下的京华物产

大运河是文化交流的纽带,自古以来,形式多样的南方文化通过大运河源源不断地输入到北京地区,并与北京本地文化相结合,形成了北京独有的京味文化。京味文化荟萃全国文化之精华,形成影响力十分强大的文化品牌。世界闻名的北京鸭、历史悠久的北京东岳庙庙会、造型独特的运河龙灯等都是北京大运河沿线著名的非物质文化遗产,也是京味文化的突出代表。

一、北京鸭——大运河献给世界的礼物

北京烤鸭香飘万里,为享誉世界之佳肴美味。到北京,不吃一顿烤鸭,等于没来北京,烤鸭被公认为北京地域文化的代表性符号。北京烤鸭是用北京鸭烤制而成的,北京鸭是闻名世界的地方特产。近代以来,北京鸭传到国外,受到世界各国广泛欢迎,成为世界第一种鸭,享有"鸭中之王"的美誉。林传甲所著《大中华京兆地理志》说:"(北京鸭)肥大,重于常鸭,为各省所不及,烧鸭味尤美。"北京鸭由于具有早熟长得快、雄壮肥大、肉质细腻、节省饲料、强壮不易生病、耐粗食、产卵大且多等优点,成为世界上稀见的品种,受到广泛欢迎。

但是,很少有人知道,北京鸭与大运河有着非常密切的关系。相传明代迁都北京以后,从江南运输漕粮至北京,运河码头官吏会利用运河

中散落的漕米饲养随船运来的江苏金陵一带的白色麻鸭(也称白色湖鸭)。这些鸭子经过驯化，在运河一带定居和繁殖起来，成为今日的北京鸭。因为我国养鸭区主要在南方，其中有不少优良品种，北京建都后，各地优良上等物产争先运往北京，鸭是上等食品之一，由南方运来是可以理解的，后来就有人将优良品种或被人喜爱的个体留下来饲养繁殖。从南方来的鸭子来到北京后，就在运河边饲养，经过长期培育形成了今日的北京鸭。北京鸭之所以能在北京运河上培育而成，有以下几个方面的原因。

第一，北京鸭的育成环境离不开水，运河为北京鸭的培育提供了良好的水环境。近代天津史料记载："鸭子根据体重的大小分为两种。大的叫北京鸭子，是最良品种；小的叫普通种，在各地进行饲养。鸭的产地不如鸡那样广泛，这是因为鸡在各地各村到处都能饲养，而鸭则必须依靠运河、溪流、沼泽等特定的土地。"《清末北京志资料》也记载了养鸭与水的密切关系："只有养鸭业属于专业，多于水边经营此业。"

第二，北京鸭之所以能长得雄壮肥大，自然离不开充足的食料供应和适宜的生存环境。明清时期，漕粮自通州运进北京城，要经通惠五闸依次搬运，每次过闸搬运粮食，都会有漕粮散落岸上或河中，北京鸭能够吃到散落水中的漕粮，因此运河边养北京鸭的人家非常多，大家称这一水系的北京鸭为"窨河鸭"。明清每年漕运时间自农历3月初至9月底，运河上放养的鸭子在一年当中可以有7个月的时间享受河中丰富的漕粮。运河畔的北京鸭还有一个别处鸭子得不到的饲料——"仓饭"。所谓"仓饭"，就是清朝粮仓中所积存的陈年老米已不堪供人食用，就拨给养鸭户，养鸭户就用这些仓米煮成饭食喂鸭。特别是清代在朝阳门外和东直门外的护城河边设置了太平仓、储济仓和万安仓，这给养鸭提供了获取"仓粮"的便利，这也能够解释为什么北京东便门外东护城河饲养的北京鸭最多。

老北京风俗图中东便门护城河附近的北京鸭图画

第三，北京鸭俗称"浦鸭"或"白河浦鸭"。这个"浦"字，多以为是水边之意，其实不是，"浦鸭"真正的写法应是"普鸭"。民国《通县志要》记载："潞鲤、普鸭为本县名产。"文中对"普鸭"注曰"普济闸之鸭"。普济闸是通惠河上的水闸，漕粮从通州向京城转运，首先要经过普济闸，粮食在普济闸下的船上由人夫扛到闸上水面的船上。经过这番折腾，会有漕粮散落于河中和岸上，因此普济闸附近的鸭子食物来源充足，经养鸭户精心饲养，长得雄壮肥大，成为京东名产，被称作"普鸭"。后来因口耳相传，渐失本意，故而记成"浦鸭"。《北平市工商业概况》记载："雏鸭有两种，天津所产者为柳叶鸭（农民随便饲养者），本地所产者为蒲鸭（用上等米谷加意饲养者），前者价较后者为低。"这段文字说明北京所产"浦鸭"（普鸭）雏鸭是用"上等米谷加意饲养"的，而漕粮是向北京地区运输的上等粮米，充分说明北京鸭的育成与运河漕运关系密切。

第四章　荟萃天下的京华物产 | 057

《通惠河漕运图》中的普济闸

近代早期北京鸭的饲养主要集中于京东通惠河沿线，故有"白河鸭""普鸭"的说法。北京城东护城河一线也是养鸭较多区域，根据记载，清咸丰年间，这里的鸭户有300余家。通惠河和北京城东护城河都是古代漕粮运输之处，可见北京鸭饲养地分布与运河之间的关系十分密切。民国时期，北京鸭均为小规模生产，在东便门大通桥附近，有刘姓和来姓两家养鸭大户，刘姓为汉族，来姓为回族。刘姓祖辈生活在大通桥一带；来姓分布较广，朝阳门、西直门、永定门等地都有来家养鸭户。后来，来家还把鸭子养到了天津南开区二马路和上海浦东。除了这两家外，环护城河还有周姓及广渠门的潘姓人家。民国期间养鸭业相比于清代大为萎缩，到了日本占领北平时期，北京养鸭业遭到了毁灭性打击。日本侵略者占领北平期间对粮食采取了严酷的控制手段，而以粮食为生的鸭子就陷入了走投无路的境地，通惠河畔的鸭子房不得不关门歇业，大通桥畔从此结束了北京鸭的养殖历史。清末北京西郊玉泉山一带也开始养殖北京鸭，京西稻与北京鸭成了著名的贡品。

大通桥外的鸭子嘴

过去朝阳门外和东直门外的东护城河分布着很多养鸭之家，建有很多"鸭子房"，据说鸭子房明代已有，可见养殖北京鸭时间之长。在大通桥外东护城河边，也就是今天的建外地区，过去还有个老地名叫作鸭子嘴，就是见证先人利用护城河养鸭的地名印记。

> **京西稻**
>
> 清代康熙年间,清廷在玉泉山设稻田厂,广泛种植水稻,所产稻米称作京西稻。

20世纪20年代东便门外大通桥畔护城河里的北京鸭

20世纪50年代,玉泉山一带是北京市郊区养殖范围最广、质量最优的北京鸭饲养区域。玉泉山距北京城三十里,但这条水系经过的地段却有五六十里长,沿途都有养鸭户。玉泉山周边有几条河流——向东南流的长河、自万泉庄发源的万泉河、自青龙桥东流的肖家河,这一带被养鸭户称作"西北套",是北京养鸭户最多的地区。这里的种鸭、种卵质量最佳,在市场上的价值也最高。在北京西南郊莲花池水系繁殖的北京鸭也很多。

莲花池上游的国有西郊农场北京养殖场饲养着大量的北京鸭。中游菜户营养鸭户很多，靠河近水的农家以养鸭为副业的更多。当时按北京鸭在北京地区的繁殖情况来看，只有莲花池水系能与玉泉山水系媲美，而这两条水系中的"西北套"和菜户营，都同样是饲养北京鸭的中心地区。在此时期，环北京城内外城的护城河，由于接近城区直接消费者，所以专业饲养北京鸭的很多，作为副业饲养的也不少。运河沿线的养鸭业已大大衰落，只有附近农民作副业饲养，已无专业饲养户，数量和质量都已显著地下降了。

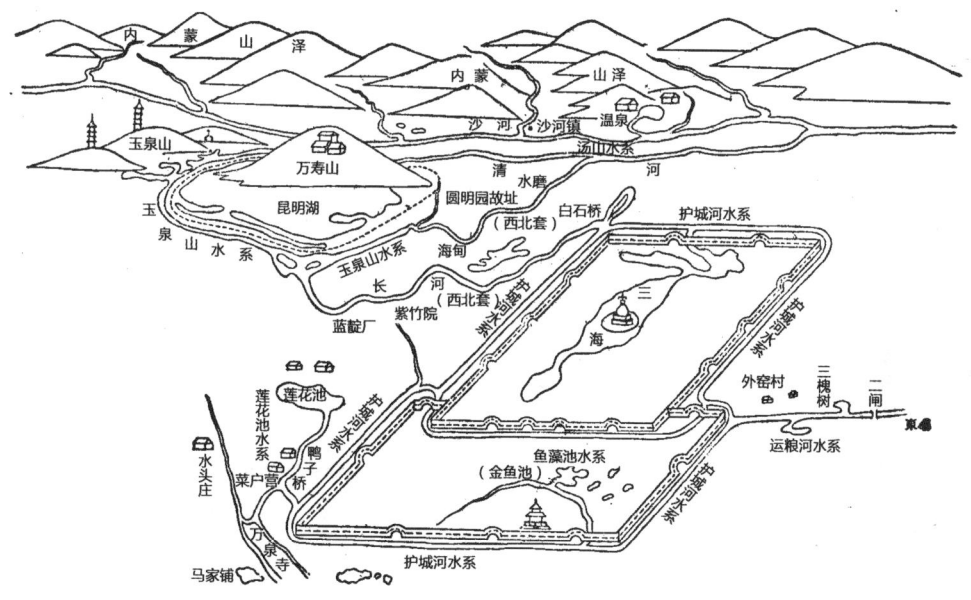

20世纪50年代北京鸭的分布系统图
（资料来源：吴知新编著，《北京鸭饲养法》，农业出版社，1958年）

20世纪50年代末期，北京市在郊区建设大型国营农场，在农场设置养鸭场，养鸭业从护城河转移到郊区农场。20世纪70年代，北京鸭饲养数量大幅增加，饲养地区大大扩展，主要产区有当时的海淀区、丰台区、朝阳区、通县和大兴县等。改革开放以后，随着北京城区扩大、人口增多，地下水超采，近郊河流水源干枯，农业畜牧业用地大面积萎缩，海淀玉泉山等地的北京鸭饲养业也淡出了历史舞台。北京鸭饲养业转移至北京市域内更远的郊区地带。2017年9月1日,农业部(现农业农村部)批准对"北京鸭"实施国家农产品地理标志登记保护。北京鸭农产品地理标志划定的地域保护范围包括北京市行政范围内的昌平区、大兴区、房山区、怀柔区、平谷区、顺义区、通州区、延庆区共8个区的46个乡镇。

早在19世纪末期,北京鸭便被外国人看重,并被带出国门,进而走向了全世界。1873年,一个美国人在上海得了北京鸭种卵并将其带到美国,北京鸭便在美国繁殖开来。北京鸭引入美国后,其商业价值很快就得到充分体现,不少养殖户都因养殖北京鸭而发家致富。1907年美国北京鸭公司出版的书《我们如何用鸭子赚钱》称赞北京鸭说:"北京鸭是所有鸭中的王者。"在北京鸭传入美国的同时,一个英国人也在北京近郊取得了北京鸭种卵并带到英国,进而传入欧洲各国。在19世纪末的欧洲,鲁昂鸭(Rouen)在法国占有主导地位,艾尔斯伯里鸭(Aylesbury)在英国也占有主导地位。北京鸭引入欧洲,对英法等国的本地养鸭产业形成强烈的冲击。北京鸭1888年输入日本,1925年输入苏联。仅仅几十年间,北京鸭已经广布全球,成为世界上最优秀的肉鸭品种。

1911年美国出版的书 Duck Dollars 封面及书中对北京鸭的赞誉

自最初引入世界各国以来的100多年间,各国育种专家按照自己的目标把北京鸭培育成本国的品系或杂交育成新的肉鸭品种,如美国长岛和枫叶两大鸭场利用纯种北京鸭繁殖生产商品肉鸭。世界著名商品肉鸭都是以北京鸭为主要育种素材或完全用北京鸭选育而成的,如英国樱桃谷公司的北京鸭、丹麦的海加德鸭、澳大利亚的狄高鸭、苏联的莫斯科白鸭等。由于饲养北京鸭收益大，因此，北京鸭被广泛引种，养殖于亚洲、欧洲、美洲、大洋洲及非洲的部分地区。竞争的结果是，北京鸭取代了一些国家原有的鸭种，成为国际性禽肉生产的主要品种之一。北京鸭经过100多年的繁衍，成为标准品种中的佼佼者，被公认为最优良的肉用鸭种。

二、规模盛大的东岳庙庙会

北京东岳庙的庙会，是北京历史上最早、影响最大的庙会之一。东岳庙位于朝阳门外，始建于元代。元延祐六年（1319）道教祖师张道陵第38代孙张留孙在齐化门（朝阳门）外购置土地，筹资建庙，但庙尚未完工就去世了，其弟子吴全节继承师志，于至治二年（1322）建成大门、大殿，次年建七十二司廊庑及四子殿，元英宗赐名"东岳仁圣宫"，作为东岳大帝的行宫。元泰定二年（1325），鲁国大长公主捐资修建后殿，作为东岳大帝和帝后的寝宫，天历元年（1328）落成。元末因战乱，东岳庙受损。明正统十二年（1447）扩建前后二殿，前殿赐名"岱岳"，奉祀泰山之神，后殿赐名"育德"，作为神的寝宫，御赐庙名"东岳庙"。万历三年（1575），重修东岳庙，增建钟鼓楼、东西太子殿和罩楼。万历三十年（1602），增建庙前琉璃牌楼，自此形成今日的中路建筑格局。清代多次重修，清末八国联军入侵北京，东岳庙损毁严重。民国时期，寺庙衰败，1947年时东岳庙已经停止宗教活动。中华人民共和国成立后，东岳庙被用做机关学校。1957年，东岳庙被北京市公布为第一批古建文物保护单位。1995年，北京市文物局收复东岳庙中路正院，移交朝阳区。1996年，东岳庙被国务院公布为全国重点保护单位。1997年，北京民俗博物馆在东岳庙成立。1999年，东岳庙对外开放。2008年，东岳庙中路神像区被辟为宗教活动场所，正一派道士进驻，用于举行宗教法事活动。

北京东岳庙

为什么叫作东岳"仁"圣宫

古代讲究"三纲五常","五常"是君子应该具备的"仁、义、礼、智、信"五种常备品德。这五种品德在空间上是有方位的,仁对应东方,义对应西方,礼对应南方、智对应北方,信对应中间。泰山为东岳,对应着"仁"所在的位置,因此才被叫作"仁圣宫"。

道教认为泰山乃群山之祖,天帝之子,神灵之府。又说泰山神本为盘古氏之六世孙,被后世帝王封为"天齐王""天齐仁圣大帝",俗称"东岳大帝"。秦汉以前,古人认为泰山乃"峻极之地",为人与天相通之神地,帝王登基,必先至泰山封禅告天。汉代以后,盛传人死后神魂要回归泰山,于是登天之途又变为专治冥鬼之地府,东岳大帝成为冥府众鬼之主帅,形象威猛,权势显赫,执掌人间赏罚与生死大事,主掌人民贵贱尊卑之数,管十八地狱、六案簿籍、七十二司、生死修短之权。明清之际,在朝廷的提倡与鼓励下,东岳大帝成为各阶层人们共同的神,东岳大帝信仰在民间广泛流传,全国各地都建有东岳庙。

北京东岳庙是我国道教正一派在华北地区的第一大道观,自元代以来,香火一直十分旺盛。根据《东岳仁圣宫碑记》的记载,元代天历年间东岳庙就开始有了庙会,当时规模还不是很大,主要以宗教祭祀为主。元代文献《析津志》曾记载当时的盛况:"是日,沿道有诸色妇人,服男子衣,酬步拜,多是年少艳妇。前有二妇人以手帕相牵阑道,以手捧窑炉或捧茶、酒、渴水之类,男子占煞。都城北,数日,诸般小买卖,花朵小儿戏剧之物,比次填道。妇人女子牵挽孩童,以为赛愿之荣。道傍盲瞽老弱列坐,诸般楫丐不一;沿街又有摊地凳盘卖香纸者,不以数计。显官与怯薛商人,行香甚众,车马填街,最为盛都。"

明清以后随着社会的发展,依托寺庙而出现经常性的民间经济活动,形成集民间祭祀、商业贸易和休闲娱乐于一体的庙会。东岳庙自农历三月十五起,会有持续约半个月的庙会活动,三月二十八是东岳大帝的诞辰日,也是东岳庙庙会最热闹的一天。《帝京景物略》中记载:"三月廿八日帝诞辰,都人陈鼓乐、旌帜、楼阁、亭彩,导仁圣帝游。帝之有所经,妇女满楼,士商满坊肆,行者满路,骈观之……"庙会期间,京城内外人们络绎不绝,涌进庙中,进行上香、祈福、还愿等活动。此外,行业公会和民间香会、善会、花会也参与到庙会活动中,使得庙会内容丰富多彩。东岳庙因靠近运河,京通之间人员、物资来往不绝,进一步促进了东岳庙庙会的繁盛。传统东岳庙庙市是每月初一、十五。春节期间,特别是在三月二十八东岳大帝诞辰日,庙会期间必定有众多出售香、纸、蜡烛的摊肆,庙市带动了整个朝外大街商业的繁盛。历史上的东岳庙庙市,开庙的时候,庙内外都有摊贩,各种商摊都摆在了朝外大街的两侧,售卖小吃、杂货、服饰、日用百货、生产生活用品等。

除了作为庙会举办地,东岳庙还是京城很多行业活动的中心之一。明清时期,随着工商业的发展,行业分工越来越精细,为了协调行业内部关系,以及增强行业外部联系,由同业弟子组成的行会组织应运而生,在这些行会的组织下,在东岳庙西路和北路修建起了许多行业祖师殿宇,其中包括鲁班殿、药王殿、马王殿、喜神殿、文昌殿、月老殿、瘟癀殿、显化殿、海神殿、仓神殿、火祖殿等。东岳庙由此成为京城行业组织及其信仰活动的中心之一。东岳庙行业祖师信仰习俗的主要表现形式是行业祭祀,比如建殿、立碑、祭祀、行业管理等，再如每到祖师爷诞辰之日聚集以恭贺。民国年间，由于社会动荡，时局不稳，东岳庙庙会逐渐衰微。

东岳庙前的石牌坊

中华人民共和国成立以后，东岳庙用做机关场所，不再举行庙会活动。20世纪末，东岳庙庙会重新恢复并延续至今，成为京城最有影响的节庆庙会之一。传统的东岳庙庙会，香客及行会是主要的参与者、组织者。到东岳庙庙会进香本身也成为人们的一种生活方式。如今的北京东岳庙庙会以东岳大帝信仰为核心，以祈福文化为重要内容，体现出广泛的群众参与性。东岳庙庙会每年有上百家商贩来此活动，售卖的商品十分丰富，如小吃种类繁多，有老北京小吃，也有山东、河北、新疆、台湾等各地风味小吃，还有各类玩具、民间手工制品，尤其是民间手工艺品，包含各种吉祥动植物图案的面人、木雕、泥塑、风车、剪纸、竹编、布艺等，可谓琳琅满目。随着科技的发展，庙会上的工艺品也发生了重大的变化，塑料制品、金属制品、带声响的电子产品不断出新，传统与现代融为一体。东岳庙庙会每年都组织国家级、市级非遗项目在庙会上表演，北京特有的民间艺术十三档花会的表演，吸引了大量群众来庙里观赏。花会和庙会结合在一起，也是民间艺术进行集中展示的大好时机。东岳庙庙会还特邀国家级非遗项目吴桥杂技在庙会中表演。另外，在庙会中还能看到民间戏法，如训小白鼠、扁担戏、二鬼摔跤、拉洋片、皮影戏等。特别有意思的是，东岳庙的驴不叫驴，叫作"特"，庙里有个铜"特"，前来祈福的人哪里不舒服就摸铜特的哪个部位，据说可以手到病除。这样的创新是围绕祈福主题而展开的，形式灵活多样，也获得了民间的好评和人们的积极参与。如今的东岳庙庙会，已经成了北京城市文化生活的重要组成部分，代表着老北京风俗文化的复兴和创新发展的新面貌。

三、大运河畔的龙灯会

道光十五年（1835）春，乍暖还寒，来自南方的漕船刚刚进入通州境内的张庄附近，突然间风云变幻，寒风劲吹，运河上瞬间结冰，漕船被冻阻在运河上，动弹不得。漕运乃国家大事，一刻也不能耽误，朝廷马上派主管大员赶到张庄，祭祀龙王，同时组织村内的龙灯会在关帝庙前连续舞了三天三夜，终于感动上苍，河冰消解，漕船继续前行。

这段流传在北运河畔张庄村内的历史传说，道出了运河龙灯与漕运之间的关系。张庄位于通州区漷县镇东南方，北运河南岸，村内的龙灯会至少可追溯到1835年即清道光十五年，距今已有180多年历史，也是目前已知起始年代最早并一直流传至今的龙灯会。张庄龙灯会是以蓝色双龙作为道具，列成两队起舞，主要伴奏乐器有大鼓、钹、铙、镲和筛。每逢年、节、祭祀和灾年都要"起会"（也称走会）。正月初二、正月十五属节日欢庆起会，营造节日气氛；二月二龙抬头、三月三娘娘庙庙会属祭祀起会，祈求上苍赐福百姓，风调雨顺，五谷丰登；遇到旱、涝、病虫等灾害年头更要起会，起会地点是村中关帝庙和村外运河边的冰雹庙，不过这两座庙现在均已不存。起会时间在农历六月二十四日，相传这天是关老爷生日，这天起会，是祈求关帝神灵佑护苍生、减少灾害。早年间耍龙有30多套路，现在整理出 13 套，有龙翻身、单跳龙把、双跳龙把、龙劈叉、串花筒笆、钻黄瓜架、压龙尾、钻龙尾、甩龙尾、龙双绞、龙打挺、龙盘窝和龙过背等。起会之前，演员乐队在村中关帝庙集中，因龙灯会的服装、乐器在庙中存放。演员化妆后执龙出庙门，乐器中唯有吊筛击打，吊筛低沉的"哐哐"声，余音不绝，传遍全村。听到筛声，百姓们纷纷走出家门，邻村人听到筛声知道张庄起会了，争先恐后纷至沓来，人流拥着双龙奔向村外运河边的"冰雹庙"。会头焚香后，舞龙开始。双龙先在庙前舞，而后进村，边舞边走，遇到茶桌（有的老百姓从家中搬出桌子沏上茶摆在路边，以示对舞龙者的慰问，也是为了祈求平安），停下来舞上一番，继而前行，再遇茶桌再舞；绕街一周后，在村中关帝庙前舞毕收场。正月十五元宵节，夜舞龙灯最精彩。龙节里蜡烛点亮，两条蓝龙上下翻飞，红红的龙珠像一团火球，引得双龙追逐，围观的百姓手执荷花灯，没做荷花灯的用木棍扎个玉米骨，沾上煤油，火苗飞蹿。此时，人头攒动，灯火通明，蓝色纹龙滚动着火球游弋，人们其乐融融。

张庄运河龙灯

张庄龙头呈方形，方口大张，这种造型十分少见。据说这种造型是老辈儿传下来的，龙头高昂，龙口大开，动感十足，呼风唤雨的龙王形象跃然而出。龙脖子上系五只大铜铃，铜铃也是老辈儿传下来的，龙头舞动，铜铃响声大作，既能增加龙的威风凛凛的气派，又烘托了现场气氛。北京地区的舞龙多为红色或黄色，而张庄的舞龙却是蓝色的，这在北京地区极为少见。北京市民间舞蹈专家董敏芝曾说过，她在组织全国龙灯调演时，发现安徽、江苏、浙江等地区多有蓝色龙。通州张庄蓝色龙灯，肯定与江南等地区文化有一定的共同渊源，一定是通过大运河的传播作用，使得南北文化在此交汇融合，从而扎下了根。

张庄运河龙灯是通州民间舞蹈中最富有地方特色的表演形式，被列为北京市非物质文化遗产保护项目。作为市级非物质文化遗产，运河龙灯会在通州乃至北京都颇有名气，近年曾到厂甸庙会、东岳庙庙会、运河文化庙会等演出，但主要是集中在春节期间。2018年，张庄因村中独特的运河龙灯文化而成为北京市公布的首批44个市级古村落之一。

运河上的京津冀

第二篇 运河上的天津

视频（上）　　视频（下）

第五章

天津运河往事

天津位于华北大平原东北部的渤海之滨，地势洼下，华北平原上的各大河流均汇集于此，素有"九河下梢"之称。作为河海交汇之地，天津自古就享有舟楫之利，无论是秦汉北防匈奴，还是隋唐远征高丽，天津都是漕粮海运与河运的转运之地。金元以后，随着国家政治中心转移到今北京地区，特别是元代开创漕粮海运以及大运河贯通后，天津成为漕运入京的重要节点，海上漂来了妈祖信仰，运河上也漂来了天津人，于是便有了天津城，天津真是应"运"而生。

> **九河下梢**
>
> 此处九河泛指很多河，古代习惯用"九"这个最大的单数表示很多，而不是精确地指九条河。"九河下梢"是说很多河流的入海之处。

一、曹操开凿运河与海河水系

远古时期的天津是渤海的一部分，约在 4 000 年前后，大海退去，天津张贵庄以西才开始形成陆地。刚刚从大海中露出来的滨海地带，因地势过于低洼，大部分地区为水乡泽国。战国时期天津地区已经出现了聚落，大量出土的战国时期的铁器、铜器、陶器等都充分证实了这一点。从出土的燕、赵、齐等多国货币来看，天津地区是上述三国的交界之地，已经有了一定的商业活动。到汉代，天津地区已有郡县设置，在当时有泉州（今武清）、雍奴（今宝坻南）、东平舒（今静海西钓鱼台）等县。不过历史发展并不是一帆风顺的，秦汉时期天津地区刚刚展现出繁荣态势，就被一次突然的自然灾难打断了。当代考古工作者发现，在天津地区许多战国文化遗迹的上层覆盖着一层海生贝壳的自然堆积，说明这里又从陆地变成了海洋。这是由于西汉末期渤海地区经历了一次海侵事件，今天津北抵宝坻、西达武清、南至静海、东至宁河的四米等高线以下地区大部分被海水淹没。即使是未被海洋淹没的地区，由于陆地河水宣泄不畅，内潴成为湖沼，民众大量内迁，城镇乡村荒芜。后来海水消退，海岸线重新向东移动。大约到了东汉末年，天津地区才得以再次恢复生机。

雍奴薮

薮，是指生长水草的湖泊。雍奴薮是古代渤海滨海地区面积广大的沼泽地，大致在今天津武清东南和宝坻、宁河、海河以北一带。《水经注》解释说："雍奴亦薮泽之名。四面有水曰雍，澄而不流曰奴。"西汉设有雍奴县，与此湖有关。

海退之后的天津滨海地带，仍然是遍地的河沼，《水经注》就记载说北魏时滨海地带尚有大片的湖泊，称作雍奴薮，薮是指长着水草的湖泊。丰富的水环境为舟楫之利提供了条件，天津的运河由此发轫。熟读《三国演义》的人都知道，东汉末年，曹操在官渡打败北方最大的军阀袁绍。官渡之战后，袁绍残余势力仍然盘踞河北，建安九年（204），曹操率军在许昌渡黄河，北征袁绍老巢邺城。曹操命人在淇水口作堰拦截淇水，使其向东流入白沟，漕粮经由白沟运至前线，曹操很快拿下邺城。袁绍失败后，其子袁尚、袁熙逃到了辽西山区，与当地的乌桓军事集团勾结在一起，随时准备反扑，这对想南下攻打东吴和荆州的曹操来说构成了严重的威胁。为了解除边患，曹操北上讨伐乌桓。若调动军队前往辽西作战，没有充足的粮草供应，劳师远征，必败无疑。为了解决军事补给，建安十一年（206），曹操命令董昭开凿河渠自滹沱河入泒水，命名平虏渠，有学者认为今天的南运河自青县至独流镇一段河道就是古代的平虏渠。接着，曹操又从泃河口开凿河渠入潞河，因该渠渠首在泉州（今天津武清），故命名为泉州渠。泉州渠穿过雍奴薮，雍奴薮中拥有无数小型淀泊，河流枝分漫流，相互连通，曹操于是利用雍奴薮这种河、淀相连的地理环境借以疏浚水道，开挖泉州渠。《水经注》说泉州渠"自滹沱北入其下，历水泽百八十里，入鲍丘河"，就反映了泉州渠一百八十里河道是利用了众多水泽的事实。接着又从雍奴县盐关口开凿河渠向东连接濡水（滦河），命名为辽西新河。辽西新河是一条连接鲍丘河和滦河的东西向运河，途中跨过很多南北向自然河流。辽西新河自盐关口承鲍丘水，一路向东，至海阳县注入滦河，由滦河可到达辽西山区。《水经注》指出辽西新河的起点在盐关口，天津学者韩嘉谷认为，当时宝坻县城关一带为古之盐关口，盐关口当与泉州渠口距离不远。平虏渠、泉州渠和辽西新河这三条运河连接在一起，使得曹操能够将粮草运到辽西地区。后勤补给问题得以解决后，曹操很快就打败乌桓，然后胜利回师。曹操得胜还朝，途经碣石，东望大海，不禁诗兴大发，写下千古名篇《观沧海》："东临碣石，以观沧海……"

> **乌桓**
>
> 乌桓是中国古代北方游牧民族之一。《后汉书·乌桓传》记载："乌桓者，本东胡也。"乌桓与鲜卑同为东胡部落之一，学术界一般认为其语言属于突厥语系中的蒙古语族。公元前3世纪末，东胡被匈奴所破，迁至乌桓山，遂以山名为族号。两汉时乌桓南迁至辽东、渔阳及朔方边缘十郡，受汉护乌桓校尉管辖，形成若干部落，各自为政。曹操北征后，乌桓被击败，后内迁于中原。

建安十八年（213），曹操又开凿利漕渠，沟通漳水和白沟，并与黄河连通。同时又开凿白马渠，连接漳水和滹沱河。利漕渠将邺城与中原联系起来，白马渠的开凿将幽州地区与邺城连接起来，形成以邺城为中心，北达幽州，南至中原的水上交通路线。曹操在华北平原上开凿的这几条人工河渠为后世永济渠的开凿奠定了基础，同时也彻底改写了华北平原的水系格局。根据研究，华北平原上的各大河流皆东向分流入海，曹操开凿的平房渠、白马渠、泉州渠等这几条近乎南北向的人工河渠，将各个河流导引至华北平原地势最低处的天津入海，众水汇聚形成海河，至此海河水系得以初步形成。

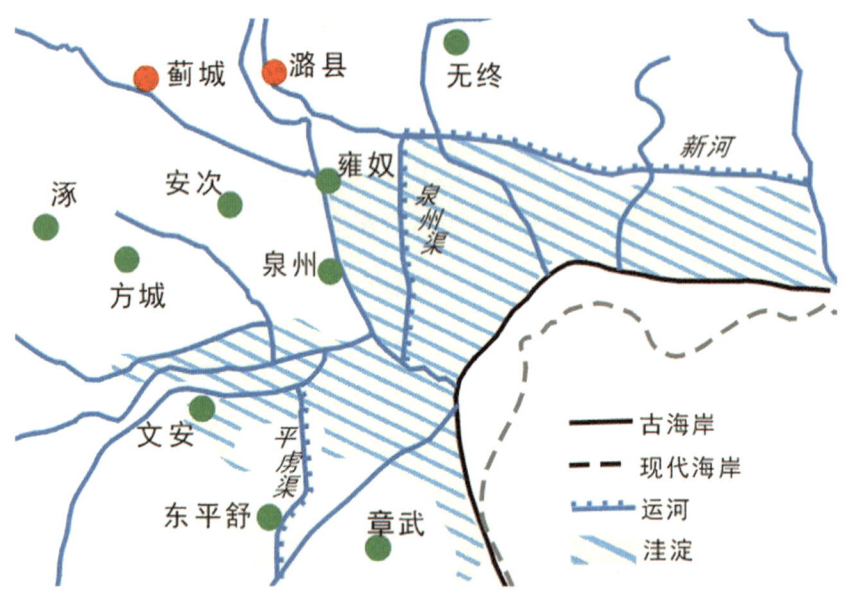

东汉末期曹操开凿的平房渠、泉州渠和辽西新河示意图
（据天津规划局和国土资源局编《天津城市历史地图集》绘制）

二、隋唐永济渠与辽海运故道

隋唐时期，中原王朝与东北民族的政治交往融合与矛盾斗争成为国家社会生活的重要内容。隋朝时期，东北的高句丽王朝开始崛起。隋炀帝决心东征高句丽，大业元年（605）三月，隋炀帝征募河南诸郡男女一百多万，开凿通济渠，自（洛阳）西苑引谷、洛水达于河，自板渚引黄河，经开封、杞县、睢县、永城、宿州、灵璧、泗洪，至盱眙入于淮水。淮水以南则自山阳（今淮安）利用古代邗沟，南至江都（今扬州）入于长江。大业四年（608），隋炀帝决定以幽州作为讨伐高句丽的军事基地，为了供应军队粮草，于当年

正月下诏，征发河北诸郡男女一百多万人，开凿永济渠，引沁水南达黄河，北通涿郡（今北京）。永济渠实际上就是在曹操平虏渠、白马渠等基础上开凿而成的。大业八年（612）正月，隋炀帝征集百万大军从涿郡出发，征伐高句丽，军队每日发一军，连发三个月，军队行进长度前后长达数百里，连官方史书《隋书》都感叹："近古出师之盛，未之有也。"隋炀帝阵仗拉得很大，但不幸的是，时运不济，不仅吃了败仗，还把隋朝的家底赔了进去。唐初，唐太宗李世民也接连发动两次征讨高句丽的战争，曾从江南海运粮米至幽州和平州。杜甫曾有诗写道："渔阳豪侠地，击鼓吹笙竽。云帆转辽海，粳稻来东吴。"说的就是唐代漕粮海运的事。唐杜佑《通典》曾记载天津一带有"三会海口"，凸显其在水运交通上的重要性。

北京隋代称涿郡

涿郡是中国行政区划名称。西汉初置涿郡，治所在涿县，即今河北省涿州市，虽然历代管辖范围有所变化，但其行政中心基本以涿州为主。隋炀帝大业初年，改幽州置涿郡，治所在蓟县（今北京）。故永济渠"北通涿郡"是指抵达今北京。唐朝武德初年，涿郡改为幽州，此后涿郡不再作为行政区划单位名称使用。

五代后晋皇帝石敬瑭割幽云十六州给契丹，海河以北地区成了辽朝的地盘。北宋建立以后，自天津至保定一线辽宋边界的白沟河、拒马河及下游低洼地带创建塘泊，形成界河。天津地区大致以海河为界，当时北部属于辽朝，南部属于宋朝。北宋时期，海上贸易开始兴起，南方沿海商人可以通过海运至河北、天津一带贩卖商品。《宋史·食货志》曾记载元丰三年（1080）市舶法有禁止商人"擅乘船由海入界河"条文。界河入海口即泥沽海口，就是今天津东南部区域，即由海入界河必由天津通过。这条法律虽是禁止商人无券私运物品，特别是兵器一类入界河，但是也从侧面证明自渤海经泥沽海口入界河当时已成为一条商路。

幽州入辽后改称南京，是辽国"五京"之一。因辽宋对峙，南京地区有大量驻军，物资给养有时需要外界供应。其中部分物资来自辽东地区，由于陆路交通诸多不便，这些物资的运输就主要通过水路进行。据明《长安客话》记载，香河县"境南有大龙湾、小龙湾二水，夏秋始合流，经宝坻界入海，相传辽时海运故道"。据尹钧科研究，辽代漕粮是由海路运至蓟运河河口，然后转入内陆运河，由大小龙湾河溯流而上，至香河县西南境入白河，继续向西北逆行几十里到达潞县南（今张家湾），然后经萧太后运粮河便可到达燕京。天津滨海地区历来为幽州海盐产地，五代时刘守光在海口镇置芦台军，后唐在芦台卤地置盐场，据《刘晞颜新建宝坻县记略》记载："舟行运盐东去京国一百八十里，相其地高阜平阔，因置榷盐院，谓之新仓，以贮盐。复开渠运盐，贸于瀛、莫间。"新仓镇就在辽海运故道之上，西达燕京，东泛大海，是食盐转运中心，商业繁盛。金代大定年间，在新仓镇设宝坻县（今宝坻区）。

宝坻、靖海和直沽寨
（据谭其骧主编《中国历史地图集》绘制）

金灭辽和北宋，占领中原地区，与南宋隔淮河对峙。在华北地区，以界河为中心的宋辽对峙局面至此完全结束，天津地区再次成为一个整体，因宋辽对峙而强行分离的界河南北漕运也再次连通。在前面的章节中已经讲到，完颜亮迁都燕京，实行漕运，利用潞水（北运河）、御河（南运河）等华北平原上的河流将中原地区的粮食等物资运到中都城。潞水与御河交汇在今天津地区。金代漕运水系涉及大兴、大名、彰德三府，恩、景、沧、清、献等十二州及大名、元成、馆陶、南皮、靖海、武清等三十三县，其中，漕河所经的靖海县、武清县都在今天津地区。靖海设置于金明昌年间，原为清州窝子口，因位于御河之畔而繁荣，发展为县，这是今静海区的前身。金泰和六年（1206），为保障漕运顺利进行，尚书省规定"凡漕河所经之地，州府官衙内皆带'提控漕河事'，县官则带'管勾漕河事'，俾催检纲运、营护堤岸"，天津漕运河段从此有了明确的漕运管理者，虽然尚为县官带管，仍是一大进步。金朝末年，为抵御北方蒙古军队南侵，在今天津设立直沽寨，直沽寨是天津最早出现的地名。

> **武清的来源**
>
> 西汉在今天津武清、宝坻一带设泉州县和雍奴县。北魏时，泉州县并入雍奴县。唐天宝元年（742）改雍奴为武清，据《郡县释名》，"武清取武功廓清之义也"。

三、从直沽到天津府

元朝灭金之后，定都大都，大量的驻军和文武百官、宫廷人员聚集于此，原金代中原地区的粮食物资供应已不能满足大都愈加庞大的人口需求，此时物产丰富的江南地区则成为供应大都粮食的主要地区。至元十三年（1276），元朝平定江南，开始从江南向大都运粮。最初实行漕粮水陆兼运，来自江南的漕粮经由江南河，过长江，入淮河，由黄河逆水航行至今河南封丘县中滦镇，上岸用车运至浚县淇口镇，入卫河，经南运河、北运河抵达通州。但这条路线基本沿用隋唐大运河的线路，转运艰难，运量有限。于是，元政府又在山东开济州河、会通河，将隋唐大运河裁弯取直，京杭大运河格局自此奠定，但因水源问题解决不好，运量依然有限。为保障大都的粮食供应，至元十九年（1282），在丞相伯颜的主持下开始试行漕粮海运，因未能按时抵达直沽，故未引起朝廷重视。到至元二十四年（1287），因运河漕运不给力，元政府再次实行海运，并取得成功，此后海运成了向大都运输漕粮的主要方式。

大都东南海口的直沽寨位于河运和海运这两条经济大动脉的会合处，成为重要的漕粮转运和装卸港口，漕粮和南方各种商船，都在此转运北上大都。这里南北人员汇聚，直沽日渐兴起，逐渐成为重要的商品集散地。直沽还是通往高丽的重要港口，《老乞大谚解》记载高丽商人的行经路线："正月里，将马和布子，到京都（大都）卖了，五月里到高唐，收起绢绵，到直沽里上船过海，十月里到王京（今朝鲜开城），投到年终，货物都卖了，又买了这些马弁毛施布来了。"凭借漕运之利，直沽不断发展，元延祐年间设海津镇，元末又在海津镇设立镇抚司。由于民间对于直沽地名的认可度高，政府命名的海津镇并没有取代直沽，大小直沽地名一直保留至今。

七十二沽

天津有"七十二沽"的说法，"沽"与流经天津的古代河流有关。北魏郦道元《水经注》记载有沽水、鲍邱水（也称鲍丘水），沽水相当于今天的白河，鲍邱水相当于今潮河。两汉时沽水和鲍邱水分流入海。其中，沽水大约沿着今北运河在天津附近入海。在天津，北运河在西，蓟运河在东，民间称作东沽河、西沽河。沿河聚落多带有"沽"字，如直沽、三叉沽、塘沽、汉沽等，总称"七十二沽"。明初在直沽设天津卫，因此天津也称津沽、沽上。

"天津"之名，始于明代。燕王朱棣发动"靖难之役"时，从此渡河南下，称为"天子渡口"，故得名天津。明政府为了漕运和海防的需要在天津设立三卫。永乐二年（1404），在天津先后设立天津卫和天津左卫，并动工修建土城；永乐四年（1406）调山东青州左卫至此，改为天津右卫；不久移天津三卫指挥署于城内。永乐十三年（1415），会通河建成，罢海运，漕粮全部改经运河北上。作为漕粮储运要地的天津，扼水陆咽喉，通达四方，百货聚集，成为"聚天下之粟，致天下之货"的重要商品集散地。并且由于附近盐业生产兴旺，天津又成为长芦盐的重要产地和转销中心。大运河不仅是漕粮运输通道，也是民间粮食贸易通道，天津民间有谚语说："三岔口，停船口，南北运河海河口，货船拉着盐粮来，货船拉着金银走。"说的就是天津作为食盐和粮食贸易中心的盛况。从天津城市性质来说，自然以军事功能为主，但是在城市发展过程中，巨大的经济力量使天津逐渐褪去军事色彩，不断向商业城市转变。

清代，天津仍然承担着漕运枢纽功能，负责向首都和北方驻守官兵转运粮饷和囤积漕粮。有常年负责漕运和屯留的兵丁十四万人，运船万余只，运送漕粮四百余万石，还拥有数百座仓廒储藏漕粮。清初实行海禁政策，漕粮只能沿运河北上，天津沿河码头帆樯林立、商贾汇聚、百货云集。自康熙中叶海禁政策废弛之后，南北沿海帆船贸易更加活跃，天津成为沟通南北海运、河运商品流通的重要集散地。而在这个时期，塞外农业生产取得了前所未有的发展，东北以及口外地区成为新的粮食供应地。南北商品交流依靠海运规模的扩大而日渐兴盛。东北的粮食、江南的各种商品源源不断地通过天津运往北京和内地农村。直隶各地的农产品也通过天津运往江南各地。因此，这时天津已经成为南北商品的中转集散地，在华北地区形成了以天津为中心的经济腹地。天津也凭借优越的地理位置成为渤海区域经济中心城市，其经济辐射能力已经影响到周围各州县。如康熙《文安县志》记载，"闾左之需，不东走津门，则北走燕京"；乾隆《宁河县志》记载，"居民婚嫁之礼需备物者必过天津求之矣"。乾隆年间，来中国谒见皇帝的英国使臣曾提到天津是中国北方各省的商业中心。

清代《都畿水利图卷》中的天津城（局部）

经济基础决定上层建筑。天津享有运河之利，因此经济繁荣发展，同时也促进了城市政治地位的提升。雍正三年（1725）天津升为州，从军事性质城市变成地方行政管理机构，同年十月又升为直隶州，下辖武清、静海、青县。雍正九年（1731），直隶总督唐执玉因天津为水陆通衢，管理不便，奏请升州为府。于是清政府设置天津府，辖天津、盐山、青县、庆云、南皮、静海6县和沧州。清代中后期天津成为清政府的对外政治交往中心。1860年《北京条约》签订之后，清政府在天津设立通商口岸，成为中国北方最早开埠的城市之一。由于天津距离北京很近，西方列强在天津设立领事馆，建立租界，在此居住、经商。清政府也把天津作为中外交涉的前沿。清同治九年（1870），因天津洋务与海防事务繁重，令直隶总督每年夏季移驻天津办公，冬季回保定办公。直隶总督长驻天津，使得直隶的政治中心逐渐向天津转移,天津城市地位进一步提高。清末,在李鸿章和袁世凯任直隶总督兼北洋大臣的 30 多年时间内,天津的政治功能进一步扩张,办洋务、建海军、兴办实业等活动均已超出了府或省级政府的职能范围,显示了天津在当时全国举足轻重的政治地位。

1900 年的天津直隶总督衙门(老照片)

四、京东第一镇——河西务

河西务在元代是北运河上的漕运枢纽。至元二十五年(1288),为接收海运漕粮,将京畿漕运使司分为内外两个司。内司仍叫京畿都漕运使司,置于大都城内,负责在京漕粮出纳和将各码头仓漕粮由站车陆路搬运进大都。外司叫作都漕运使司,在河西务置总司,分司设于临清,其主要职能是接运海道漕粮事务。元政府在直沽、河西务、通州设置粮仓,将漕粮自直沽依次转运进河西务仓和通州仓,然后运入大都城内。出于漕粮中转需要，元政府在河西务设置了14座粮仓，可储粮226万石。河西务十四仓位于河西务城的西北部，所处的区域在元代有一片湖水，与运河相通，入口处的北岸有一座码头（河坝），为上码头，南岸有一码头为下码头，现在上下码头合称码头村。码头村向西500米即是宽阔的湖面，湖泊南北长近2公里，东西宽近2公里，民间还保留着"海子地"的说法。湖西岸向湖泊中间突出一块陆地，呈半岛形状，将湖泊分成两部分，湖东部将两部分连通入运河。北边的湖泊称后海子，南边的称前海子，这两个海子可以停泊漕船卸载漕粮。海子的北边有北仓，在今蔡庄附近，南边有南仓，在伸向湖中的岛上有东仓、中仓、西仓，今合称东西仓村。1973年，在东西仓村东南的京津公路附近距地表2米深处发现一艘沉船的船头，方形，长5米余。船身木质坚硬，保存完好，船身中部和尾部压在京津公路下，沉船所在地离元代十四仓遗址500米。由于河西务地位重要，元代漷州治所一度迁往河西务，河西务成为州级城市。

明代，河西务仍然是重要的漕运枢纽，由于地处入京门户的有利位置，宣德年间，在整个大运河上设置七个钞关，河西务钞关即为其中之一。另据《明史·食货志》记载，明万历初期，"令商货进京者，河西务给红单，赴崇文门并纳正、条、船三税；其不进京者，河西务只收正税，免条、船二税"。可见，河西务在功能上承担了京城的一部分税收职能。河西务依托运河，商业繁盛，城内设有工部分司、户部分司、河西务税课局、管河主簿厅等机构。因河西务占据水陆交通枢纽地位，

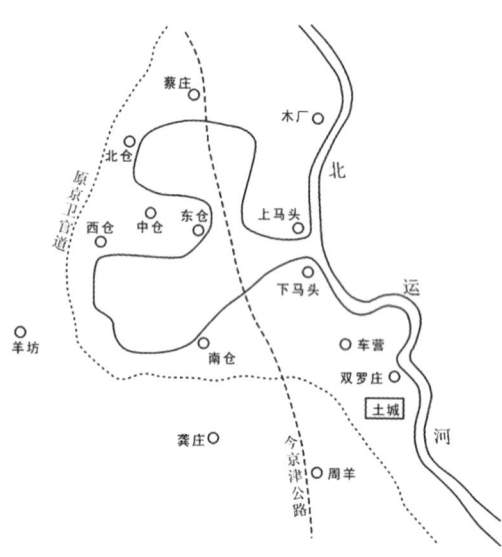

元代河西务运河与仓储示意图
（据武清《河西务十四仓考》文中图改绘，《天津日报》，2008年1月1日）

元代至元二十四年（1287），设置河西务驿站，为马驿。至明洪武二年（1369），又在河西务设水驿，河西务成为运河上重要的水马驿。明人蒋一葵在《长安客话》中记载："河西务，漕运之咽喉也。江南漕艘毕从此入。……两岸旅店丛集，居积百货，为京东第一镇。"

康熙《京杭道里图》中的河西务

顺治年间荷兰东印度公司使团人员所绘的河西务草图

五、铜帮铁底豆腐腰

北运河素有"铜帮铁底豆腐腰"的说法,所谓豆腐腰是说北运河中间部位脆弱,这里主要是指运河的武清杨村以上河段易发生水患,难以治理。武清位于北运河中部,上游各支流皆汇于通州、香河,故在汛期,各条河流水势迅涨,一起涌入运河当中,而自香河以下北运河河段,元明时期却没有专门的泄水河道,故汛期洪水量大增,武清一带北运河河道难以容受,经常漫溢决口。清代北运河筑堤活动主要集中在康熙、乾隆时期,尤以康熙时期筑堤活动多,并且集中在武清一段,《光绪顺天府志》记载"北运河杨村厅险工林立",因此北运河武清段是清代治理的重点。清代在筑堤的同时,采取了开挖减河的办法,有效地解决了汛期洪水问题,保证了汛期漕运得以持续进行。

今北运河武清段

康熙对北运河武清杨村以上河段治理十分关心,在位期间多次巡视北运河。在北运河武清段,最容易冲决的地点是耍儿渡和筐儿港两个地方。康熙三十三年(1694)五月,清圣祖亲自巡视北运河堤,重点巡视地段在武清县。康熙三十六年(1697)、三十八年(1699),北运河在武清县筐儿港先后冲决泛溢。康熙三十九年(1700)四月,清圣祖巡视永定河和北运河,命人开挖筐儿港减河,此后北运河杨村以北河段十余年间再未决口成灾,《光绪顺天府志》记载:"杨村上下百余里,河平堤固。"康熙四十九年(1710),武清县在筐儿港坝旁立起康熙御制文碑,上书"导流济运"四个大字。康熙年间治理筐儿港,虽然取得了一定的效果,但并未完全奏效。

雍正五年(1727),北运河泛滥,先后四次冲决堤岸。为了提高河水疏泄能力,雍正六年(1728),怡贤亲王经奏准将筐儿港旧坝由二十丈拓宽为六十丈,加大减水坝的泄水能力。筐儿港一带运河险工虽然消除,但是其上游河段汛期洪水依旧壅积难以消泄,特别是河西务一带,距离泄水坝较远,汛期经常决口泛溢。雍正七年(1729),雍正皇帝命人在河西务上游青龙湾开凿减河,以宣泄汛期洪水。青龙湾减水石坝最初建在香河县三百户村西。乾隆二年(1737),青龙湾减水坝因离河稍远,宣泄洪水不畅,于是将坝口向西迁移。今香河县红庙村南乾隆二年所建的青龙湾减水石坝雁翅保留完好,但河道已经

导流济运碑
(资料来源:李华彬主编:《天津港史:古近代部分》,人民交通出版社,1986年)

北移，三百户村西雍正七年所建减水坝遗址在河边尚有残迹。自开挖青龙湾、筐儿港减河之后，北运河武清段汛期洪水得以上下分消，不再泛溢，防洪效果非常好。雍正十一年（1733），海河流域大水，唯有北运河安然无恙。

"导流济运"和"导流还济运"

北运河武清段向来易于决口，明清时期一直是北运河重点治理区域。康熙三十六年（1697）、三十八年（1699），北运河在武清县筐儿港先后冲决泛溢。康熙三十九年（1700），康熙巡视北运河，亲自视察筐儿港冲决之处，命人开凿筐儿港减河并修筑减水石坝。减河开挖后，北运河杨村以北河段十余年间再未决口成灾。康熙皇帝亲书"导流济运"四个大字，立碑于筐儿港坝旁。乾隆三十二年(1767)，高宗弘历巡视北运河，来到筐儿港，命人治理筐儿港河段运河河道，并亲书"导流还济运"，立碑于此，碑上还刻有乾隆所作诗句。乾隆皇帝在各方面虽然仿效其爷爷康熙皇帝，但处处表现出对爷爷的尊重，不超越爷爷，"导流还济运"就是一个明证。

清朝治理北运河采取疏泄河水的措施，摒弃了元明时期堵塞决口的办法，彻底解决了北运河武清段汛期河水泛溢问题，是运河治理技术上的一大进步。民国《河北省治河计划书》对此有较为客观的总结："康熙、雍正时期，修建筐儿港、王家务两减河，上下分消水势，水患始减。中经乾隆、道光，以迄于同治，岁修甚勤，未出水患。"北运河开挖减河不仅仅是疏泄运河之水，还有减少入天津三岔河口水量，使众河畅注于海河的作用，可谓一举多得。

青龙湾减水坝遗址（雍正时期）和青龙湾减河

建于乾隆年间的香河县红庙村青龙湾减水石坝

第六章

妈祖信仰与天津皇会

天津有一个世界闻名的庙宇——三岔口娘娘宫。娘娘宫是俗称，正名叫作天后宫，最初叫天妃宫。天后、天妃都是水神，指妈祖，妈祖是民间信仰中专门保佑海上航行的神祇。天津历史上曾有27座天后宫，是中国北方妈祖信仰中心，三岔口天后宫历史最为悠久、规模最大、香火最盛，是天津城市起源的摇篮。妈祖信仰主要流行于南方沿海地区，怎么会流传到北方的天津呢？其实，这与古代的漕运制度有关。那么妈祖文化是如何传入天津的？天妃宫又是如何建立的？又是如何被称作娘娘庙的？妈祖信仰对天津地域文化产生了怎样的影响呢？

> **三岔口**
>
> 三岔口是天津城的发源地。金代实施漕运制度，利用南运河和北运河自中原地区向中都（今北京）运送漕粮。南运河自南向北流，北运河自北向南流，两河汇合后为海河，形成三条河交汇的岔口，因此称三岔口。金代设直沽寨，元代设海津镇，明代设天津卫，均在三岔口附近，故民间有"先有三岔口，后有天津城"之说。

一、妈祖信仰传到天津

根据有关学者的研究，元代漕粮海运对妈祖文化传播和妈祖信仰地位的提升起到了极大的推动作用。传说妈祖叫林默娘,是福建莆田湄洲岛人,生于宋太祖建隆元年(960)。雍熙四年(987)九月,林默娘父兄驾舟出海,遇上风暴,林默娘感应到父兄处于危难之中,于是前往拯救,将父亲救起,但自己与兄长却身亡海上。人们感念其一片孝心,建庙祭祀,其后,林默娘屡次显灵于海上,被尊为"通灵神女",不过此时其影响范围还比较有限。宋宣和五年(1123),宋徽宗赐予莆田宁海镇神女祠"顺济"庙额,妈祖信仰得到朝廷承认。此后,莆田妈祖信仰开始向外传播。妈祖亦多次得到朝廷敕封,从"神女"

《三教源流搜神大全》中的妈祖形象

到"夫人",再晋升为"妃",影响越来越大,逐渐成为各地航海者崇拜祭祀的女神。元代定都大都,南粮北运使得漕运兴盛,妈祖信仰便随着北上的船工大规模传播到了今天津地区。

至元十九年(1282),平定江南的元军统帅伯颜想起之前曾从海上运送宋图书之事,认为海运漕粮可行,于是命上海总管罗璧、朱清、张瑄等造平底海船六十艘,运粮四万六千余石,从海道至京师。但因初次航海,经验不足,漕船沿海滨行驶,风信失时,次年才抵达直沽。虽然此次海运漕粮历时较长,但毕竟抵达了目的地,也算是取得了成功,于是元朝一边利用运河漕运,一边推行海运。到至元二十三年(1286),海运漕粮数额达五十七万石之多。元政府看到了海运的潜力,于是在至元二十四年(1287)

开始设行泉府司，专掌海运，海运成了漕粮运输的主要形式。但海上风涛险恶，最初海上航行常有海难发生，损失巨大，负责海运的船工、水手普遍是妈祖信仰者，他们向元政府提议祭祀妈祖。为了保证漕粮海运顺利进行，元政府只好顺应航海者的精神需求，开始祭祀妈祖。说来也巧，在元朝统治者祭祀妈祖的次年，海难事件竟然大为减少，《元史》中记载："至元中，以护海运有奇应。"由此，更加重了官方与民间对于妈祖信仰的推崇。元朝将妈祖纳入国家祭祀系统，并赐予更高封号，每年春秋派遣专使前往妈祖庙祭祀。元朝历代帝王均对妈祖进行敕封，至元十五年（1278）八月，世祖忽必烈"制封泉州神女号护国明著灵惠协正善庆显济天妃"。至元二十五年（1288）六月，"诏加封南海明著天妃为广祐明著天妃"；元成宗大德三年（1299）三月，封"泉州海神曰护国庇民明著天妃"；元明宗天历二年（1329）十月，"加封天妃为护国庇民广济福惠明著天妃，赐庙额曰灵慈"；元顺帝至正十四年（1354）十月，"诏加号海神为辅国护圣庇民广济福惠明著天妃"。元朝统治者屡次加封妈祖，说明妈祖信仰对元朝江山社稷的重要性。漕粮海运过程当中，祭祀妈祖是漕运重要的环节，在海运漕船出发之前，江南官员要在出发地举行隆重的祭祀妈祖仪式；在海运漕船顺利抵达直沽后，中央政府派出重要官员至直沽祭祀妈祖。《元史》多次记载海运漕粮抵达直沽，皇帝遣使祀海神天妃之事。漕粮海运进一步巩固了妈祖作为海上航行保护神的地位，也使得妈祖信仰的范围大为扩展，妈祖信仰也传到了北方地区。

伯颜

伯颜，蒙古八邻部人，长于西域，至元初，授命来到大都，深受忽必烈赏识，拜中书左丞相，后升任同知枢密院事。至元十一年（1274），统兵伐宋，至元十三年（1276）平定江南。伯颜智勇双全，用兵如神，伐宋之后，出镇和林，屡建奇功。至元三十一年（1294），伯颜病逝，年仅五十九岁。

明代初期，仍然利用海运向辽东地区和北平府地区运送漕粮，因此对于妈祖信仰比较重视。永乐三年（1405），掌管漕运的平江伯陈瑄曾奏请在直沽建天妃庙，获得了朝廷的允许。此外，明初还曾两次加封妈祖：一次是在洪武五年（1372），明太祖封天妃为"昭孝纯正孚济感应圣妃"；另一次加封是在永乐七年（1409）正月，明成祖朱棣封天妃为"护国庇民妙灵昭应弘仁普济天妃"。永乐十三年（1415）后，大运河畅通，海运漕粮停止，此后就没有再对妈祖加封。

> **陈瑄**
>
> 陈瑄，字彦纯，庐州府合肥人，明代漕运制度的确立者。明成祖永乐元年（1403），陈瑄担任漕运总兵官，负责漕运事务，历仕洪武、建文、永乐、洪熙、宣德五朝，前后督理漕运三十年，改革漕运制度，修治大运河，建立了不朽的功绩。

清代对妈祖褒封在规格上超越前代。康熙十九年（1680），朝廷就敕封妈祖为"护国庇民妙灵昭应弘仁普济天上圣母"。康熙二十二年（1683），大将军施琅率军渡海平定台湾。施琅认为在战役中，妈祖显灵助战，于是上疏祈求朝廷加封妈祖。同年，清廷派出的册封琉球正使汪楫渡海前往琉球册封，在海上历经风涛之险而后转危为安。回国后，汪楫也上疏奏请朝廷加封妈祖。于是，康熙二十三年（1684），康熙皇帝敕封妈祖为"护国庇民妙灵昭应仁慈天后"。这一次敕封，使得妈祖从"妃"跃升到"后"，即由"天妃"的称呼变为"天后"，地位空前提高，从此以后民间天妃宫皆改称天后宫。今天，在天津娘娘庙正门的匾额上还可以看到"敕封天后宫"这几个字。因为妈祖是海神，天津民间传说天后宫娘娘神像座下是海眼，天后娘娘坐在海眼之上，可震慑大海，保佑天津免受水患之害。

《天后圣母事迹图志》中的天后拯救海难图

二、先有天妃宫，后有天津卫

金朝贞元元年（1153）迁都燕京，将燕京改名为中都，并实行漕运制度，利用北运河和南运河从中原地区运输漕粮至中都，天津因地处北运河和南运河交汇之处，东通大海，地位重要，金朝末年在此设置直沽寨，从此以后直沽就成为都城东南方向的门户。元代定都大都，来自南方的粮食等物资通过海运和运河运至大都。直沽的三岔河口成为通往京城的必经之地，海运漕粮经大沽口沿海河上溯，至三岔河口转入北运河，再沿北运河运至大都；经由运河运输的漕粮等物资沿运河北上，也要到三岔河口才能转入北运河。至元二十八年（1291）在直沽设立都漕运万户府，三岔河口一带成为漕粮转运中心，直沽从此兴起。

直沽在元代是漕粮海运的终点，历经千难万险而来的船工到此，上岸第一件事就是要感谢妈祖的一路护佑。直沽分大直沽和小直沽。大直沽地名初见于《元史·食货志》："太宗丙申年初于白陵港、三汊沽、大直沽等处置司，设熬煎办，每引有工本钱。"元太宗是蒙古窝阔台汗的庙号，丙申年为1236年，三叉沽就是三岔河口，即小直沽，说明大直沽地名这时已经存在，并且大直沽和小直沽一带均产盐。元朝实行漕粮海运以后，海船经海河抵达三岔口，卸下漕粮再经北运河转运至大都。随着漕船数量逐渐增多，码头岸线向下游延伸至大直沽，大直沽码头的水深与泊岸条件优于三岔口，因此朝廷为管理漕运而设的接运厅、临清万户府均在大直沽，并促进了这一地区的繁盛。直到元末终止海运之后，大直沽码头才逐渐萧条。正是因为大直沽和小直沽都是漕运码头所在，船工聚集，所以适合建造天妃宫。因此，天津最早的天妃宫有二座，都是元代所建。其中一座在大直沽东岸，在今河东区，称东庙；一座在小直沽三岔河口码头附近，即天津古城东门外，称西庙。据说大直沽的天妃宫建于元世祖忽必烈时期，是天津城中最早的寺庙。不过，民国年间的一些书刊认为小直沽三岔河口的天妃宫建造时代最早，民国《天津县地理教科书》记载："东门外有天后宫，为天津立庙之始。"至于大直沽天妃宫最早还是小直沽天妃宫最早，至今也没有定论。

由于位于小直沽的三岔口天妃宫区位条件更优，在后来的发展过程中，其影响力渐渐超过了大直沽天妃宫。三岔口天妃宫自建成以后，成为大量海运船工的祈祷之所，官方祭祀的加持，更促进了民间对于妈祖信仰的接受。伴随着香客的集聚，各种商业活动也围绕着天妃宫发展起来，宫前街、宫后街等街巷逐渐形成。元代，随着漕运的发展和漕运码头和仓储等设施的建设，三岔口日益兴盛，时人张翥写诗说："晓日三岔口，连樯集万艘……"展现了三岔口万艘骈集的景象。

十九世纪末的天津三岔口

　　1399年，燕王朱棣发动"靖难之役"，率军从三岔口渡河南下，直至南京夺取了皇位。朱棣登基后，迁都北京，因三岔河是水陆枢纽和海防要地，于永乐二年（1404）设天津卫，并在小直沽三岔河口筑城。永乐三年（1405）、四年（1406）又添设天津左卫和天津右卫，由此形成天津三卫。天津城建在三岔河口西南，康熙《天津卫志》记载："城垣九里十三步，高三丈五尺，开设四门，上建楼，东去潞河二百二十步，北抵卫河二百步。"天津城东西长五百零四丈，南北长三百二十四丈，呈现出长方形布局，酷似一个大算盘，故民间把天津城叫作算盘城。天津城东门临海河西岸的就是天妃宫，天妃宫建于元代，在天津城建立以前，这里就已经是个繁华的聚落了，所以天津民间说"先有天妃宫，后有天津卫"，可以说，天妃宫奠定了天津城的基础。清康熙年间天妃被册封为天后，天妃宫也改称为天后宫。

　　三岔口天后宫地处海河、南运河、北运河交汇之处，便利的交通促进了人流、物流的集聚，历来香火繁盛，也是天津商业最为繁华之处。围绕着天后宫出现了很多商业街巷，如估衣街、针市街、竹竿巷、锅店街、缸店街等专业性商品街，商品交易频繁，经济日趋繁荣，这也极大地促进了天津金融业的发展。在天后宫两侧的宫南街、宫北街，最先出现了兑换银钱的钱摊和钱铺。天津城形成以天后宫为中心，南运河、北运河和海河为商品流通网络的华北经济中心。

天津天后宫

靖难之役

明太祖朱元璋在位时，将诸子分封到各地为藩王。朱元璋驾崩之后，皇太孙朱允炆继位，史称建文帝。因地方藩王势力膨胀，建文帝采用亲信齐泰、黄子澄的建议实行削藩措施。建文元年（1399），燕王朱棣于北平（今北京）起兵，挥师南下，于建文四年（1402）攻下应天（今南京），史称"靖难之役"。朱棣夺取帝位，后世称为明成祖。

三、天后宫为什么又叫娘娘宫

天后宫里的天后，最初是作为海神来供奉的，早期朝拜的香客多为船工、运河上或航海的商人等以男性为主的群体。但是，随着天津城市人口越来越多，城市功能日益复杂，单一航海护佑功能无法满足社会多样化的信仰需求，如民间生育需求、婚姻需求、祛除疾病需求、祈祷平安需求、驱鬼除邪需求等，因此在天津民间信仰大潮的裹挟之下，"天后"开始向多功能神转变，称谓也从威严的"天后"向亲民的"娘娘"转变，天后宫也变成了娘娘宫（庙）。天津天后宫天后圣母大殿中间供奉有正位神妈祖娘娘，两旁还有眼光娘娘、斑疹娘娘、子孙娘娘、送生娘娘，其他还有百子娘娘、千子娘娘、奶母娘娘、乳母娘娘等。这些娘娘各有分工，其中送生娘娘、百子娘娘、千子娘娘专掌生育大权。除了这些娘娘之外，天后宫还供奉观音菩萨、关帝、财神、药王、张仙、文昌等各路神仙，堪称神仙聚集之地，神仙数量近百，在天津地区的寺庙当中，可谓首屈一指。不管什么样的人有着怎样的需求，在这里都有主管的神灵，因而总能得到心理满足，由此吸引了大量的香客。1934年《天津市概要》称娘娘庙"今香烟之盛，为诸寺冠"。

封建社会婴儿死亡率高，加上"不孝有三，无后为大"的思想和重男轻女的观念一直主导着女性的精神世界，女性对"求子""保胎""护子"等生育需求极为强烈。那时候人们受"早生子早得继"观念的影响，新婚妇女为婚后早生子、婆婆为早抱儿孙等，纷纷到天后宫向"娘娘"祈求，所以在旧社会天后宫香火十分旺盛。那时民间为求子，产生了一种"拴娃娃"习俗，也称抱娃娃或偷娃娃。天后宫内百子娘娘和千子娘娘像前，摆满了二三寸大的泥娃娃，以供人们"抱"或"偷"。有钱人家为求子，可以公开抱走一个泥娃娃，并放下可观的"香钱"。贫寒人家可背着道人偷走一个泥娃娃，可少放或不放"香钱"，有的人还在所抱或偷的泥娃娃脖子上系一根红头绳，以表示"拴住"为己之子，回家后便供奉起来。如这家仍不生育，这泥娃娃便成为这家的独生子；如果这家媳妇后来真的怀孕生了孩子，这泥娃娃便成为这家的长子，以后不管生多少，这个泥娃娃都排行老大，俗称"娃娃大哥"。同时，还要在生育后的百日内到天后宫进香酬谢，并奉还 99 个泥娃娃，以表示诚意。

《天后圣母事迹图志》中的天后送子图

妈祖作为女性神祇，更加强化了女性前往娘娘庙祈求祷告的意愿，并且由于"男主外"，居家的女性有较多的空闲时间，所以旧社会前往娘娘庙朝拜的女性越来越多，女性香客在数量上逐渐超过了男性。康熙年间，有个叫李发甲的官员来到天津担任道台，曾发布一纸命令，严禁天津本地女性入庙进香。没了女香客，天后宫的香火大受影响。随着这位道台离任，天后宫逐渐放开了对于女性香客入庙上香的限制，并且随着社会发展，"剧情"出现了翻转，从一个极端走向了另一个极端，从限制女性入庙变成限制男性入庙，娘娘宫成了女性的专有寺庙。据 1928

年2月15日《北洋画报》中《娘娘宫》一文载："此庙正门及殿上，贴有'男子不得入此门'及'此处不准男子逗留'之黄纸布告。"再如，1936年以前，天津举办皇会期间，男女香客到天后宫进香，要分单日和双日。1936年举办皇会时，对此惯例进行了变更。男女香客进香不再分日期，但会期中男香客要由左门入、右门出，女香客全由中门出入，女性香客被待为上宾，主人翁地位一览无余。同时，在男女香客进香时间的安排上，女性香客也要比男性香客整整多出一天！民国时期天后宫对香客这种"重女轻男""女尊男卑"的状况，实为津门宫庙所罕见，就是在全国，亦属"独树一帜"。天津学者董季群认为，天津娘娘宫这种与中国重男轻女传统道德观念相悖的做法，与天津受外来文化潜移默化的影响，进而比较尊重妇女有关。更为重要的原因是，女性香客长期成为天后宫招财进宝的主要"财神"，尤其是丰厚的香资成为天后宫道士赖以生存的主要来源之一，因此才会享受特殊待遇。至今，源于历史传承，天后宫的香客仍以女性居多。

四、民间盛典——天津皇会

妈祖文化在天津不仅影响了城市的发展，也对民间社会生活产生了巨大的影响，天津皇会就是妈祖文化与天津地方文化融合发展的产物。皇会是民间为祭祀天后诞辰而举行的盛大庆典活动，即迎神赛会，也是大规模的庙会，对天津民俗文化产生了深远影响，也成为体现天津运河文化和海洋文化的标志性民俗活动。

天津皇会最初来自民间的娘娘会，传说每年农历三月二十三日是天后的生日，在这一天，天津民间为庆贺天后诞辰，会以香会和歌舞会为班底组成"娘娘会"，抬着娘娘神位出巡，边行进边演出，向娘娘的驻跸地点出发，然后再返回天后宫。庆祝活动从农历三月十五日着手准备，十六日送驾，十八日接驾；二十日、二十二日两天辇驾出巡，俗称"巡香散福"；二十三日为天后诞辰，活动达到高潮。

第六章　妈祖信仰与天津皇会 | 099

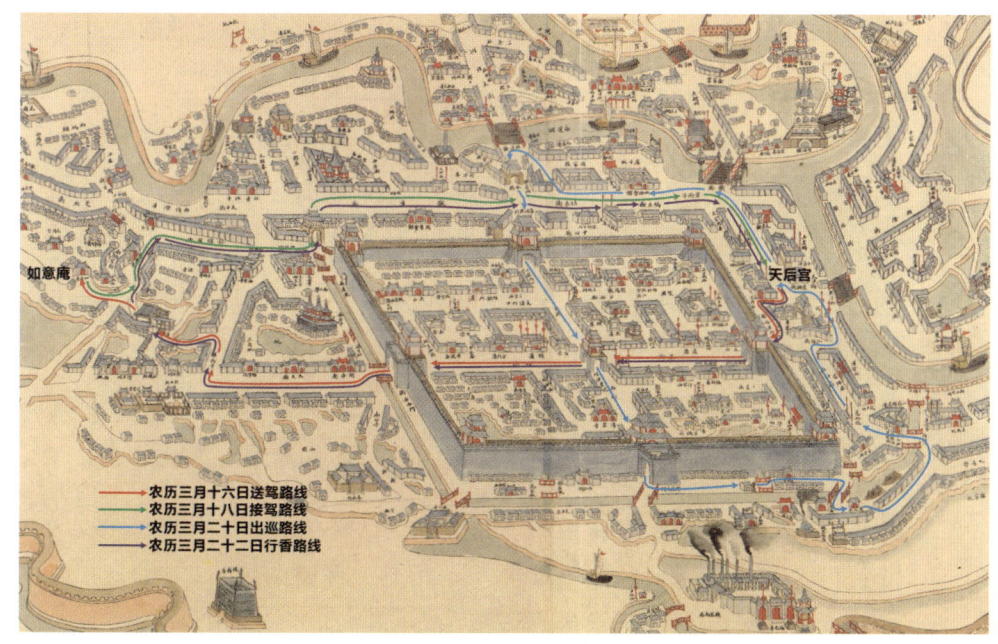

传统社会中的天津天后宫"天后出巡路线"

娘娘会变为皇会，来自一次特殊的历史事件。据说乾隆皇帝下江南，途经天津，适逢娘娘会会期，一时高兴，决定看看花会展演。皇船就停泊在三岔河口，乾隆皇帝兴致勃勃地观看，各会在经过乾隆皇船时，均使出看家本事，竭力表演，各显其能。乾隆皇帝看后，大加赞赏。乾隆皇帝特别喜欢乡祠"挎鼓"表演，特御赐黄缎马褂四件，叫四名鼓手各穿一件；还有鹤龄会演唱得很好，四位鹤童每人赏给金项圈一个，龙旗两面。从此以后，"娘娘会"就更名为"皇会"，在民间的影响力更大了。

皇会由若干团体组成，这些团体均以"会"的组织形式出现，会的大多数为表演单位，类似各行各业的表演队，以灵动的风格展示各自的艺术才华和绝活儿，既能体现对神灵的虔诚，又不言而喻地成为各行业的招幌和门面。从前天津皇会走会，在次序上颇有讲究，按照动静相间、高低有致、文武错落、歌舞搭配的基本原则编排，使得走会在形式上更具观赏性和灵活性。皇会多年形成的出会次序是：由扫街的净街会打头阵，继而出行仿天后宫幡杆的门幡会和仿宫内石狮子的太狮会，接下来是报事灵童、中幡会、挎鼓会、杠箱会、杠箱官、捷兽会、高跷会、十不闲会、重阁会、抬阁、爬竿会、地秧歌、灵官、许愿者、宝塔七级、华盖会、鲜花会、花童会、大乐会、鹤龄会、盔驾会等,最后压轴出场的是娘娘五尊,依序前行的送生娘娘、斑疹娘娘、子孙娘娘和眼光娘娘像居前,天后圣驾压阵在后,以护驾会殿后。皇会因受人员及经济条件等不可知因素制约,每次出"会"的数目不尽一致,少则二三十道,多则百余道,并且每次出会排序无法做到完全与前一次相同,但均保持基本框架。不管怎样变化,皇会中最基本的"会"却无较大的变化,假如没有这些基本"会"的支撑与传承,皇会也就无法举办与延续了。在皇会期间还有来自天津各村镇及华北各地的花会表演,这些花会表演有佛教、道教内容,也有民间传说、戏剧小说内容,很难说与妈祖有直接关系,但是上百档花会自发地协调规范,组织严密,井然有序,一切都是在对妈祖神灵的崇拜下进行的。

天后宫过会图(局部)

皇会在农历三月二十三天后诞辰日前即开始筹办,雷打不动。清末个别年份曾因政治原因导致出会时间改变,但只是临时性的。皇会有规定的巡行路线。天后宫既是起点又是终点，出巡时绕行天津城，但出发和返回路线不能相同，这样做的目的有两个：一是扩大出会影响；二是迎合民间"不走回头路"的讲究。娘娘出巡驻跸最初为北门外针市街的闽粤会馆，天津人俗称"洋蛮会馆"。老天津卫的人们认为，天后本是福建林氏之女，接驾到闽粤会馆，就是住"娘家"去了。后来因闽粤会馆狭小，改到城西如意庵。光绪年间如意庵被焚，出会驻跸地点又改在了千福寺。

天津皇会受到皇帝的嘉许，地方缙绅士商无不引以为荣，越发愿意出钱出力把皇会办得更加风光。天津皇会日盛一日，成为北方各省唯一的民间盛事，远近闻名。《天津皇会考纪》曾记载当年的盛况：皇会期间，各种货物一律免收厘税，各地载客运货的船只经由南北运河等水陆聚集津门。天津城内各条河流几乎排满了船只，客店同样住满了看会进香的客人。因天后本是福建人，南方各省的船户来天津参加皇会的也不少。天津本地的人家也因皇会而忘餐废寝，止工停业。一进三月以后，天津到处都可听到击鼓鸣锣声，到处可见舞蹈表演。娘娘出会期间，在规定好的皇会经行沿途，挤满了看会的人，现场人山人海，百业停工，万人空巷。自天后宫以至城西如意庵，所有沿途各路，绝无隙地。同治《续天津县志·风俗志》中云："二十三日天后诞辰，预演百会，俗呼为'皇会'。十六日曰送驾，十八日曰接驾，二十、二十二两日辇驾出巡。先之以杂剧，填塞街巷，连宵达旦，游人如狂，极太平之景象。"

皇会是规模盛大的社会性活动，需要各行各业的踊跃参与和财力支撑。皇会不是每年都举办，并且活动范围涉及天津城内较大范围，因此还需要一个相对安定的社会环境。董季群曾根据史料对清代皇会的举办做过不完全统计，大致情况是：康熙、乾隆年间各2次；嘉庆年间1次；道光年间2次；同治年间2次；光绪年间11次；民国年间举行3次；分别是1915年、1924年、1936年。1937年，日本发动全面侵华战争后，天津失陷，社会动荡，天津皇会也就不再举办了。

天津是中国北方妈祖文化的中心，皇会是享誉北方地区的重大民间盛典，为了恢复这一古老的文化传统，1988年，天津市举办首届民俗文化博览周活动，在娘娘宫所在的古文化街宫前文化广场上，皇会在时隔半个多世纪后再次出现在天津大地上。2001年天津举办首届中国·天津妈祖文化节，至2018年天津已经举办九届中国·天津妈祖文化旅游节，在海内外产生了巨大影响。2008年，妈祖祭典（天津皇会）被列入第二批国家级非物质文化遗产名录，天津皇会这一珍贵的传统民俗文化得以保护和传承。

第七章

天津人和天津话

在华北地区，天津话绝对是特立独行的一种方言，这种方言天生自带音乐性，说起来有特殊的节奏和韵律感，总感觉不那么严肃，非常适合逗乐子。天津曲艺的发达，可能与天津话有一定关系吧。天津话的另类存在实际上与天津人的来源有关。天津是河海交汇之地，随着金元以来漕运和盐业的发展，最早在这里落户的人成了第一批天津人，特别是明初设立天津卫，大批军卫移民在这里定居，形成语言优势，南腔加北调，调制出一种具有特殊"味道"的地方语言，这就是妙趣横生的天津话。

一、天津是个移民城市

金朝建都北京，开通运河，天津遂成为河运与海运交汇的地区，地位愈加重要。金朝末年，在这里设直沽寨，这是直沽作为聚落名称首次出现，但不久金朝就灭亡了。直沽在金代隶属靖海县，虽然当时这里比较荒凉，但一定有少量本地人户。元朝的时候，直沽地区出现了煮盐业，据王鹗《三汊沽创立盐场碑记》载，元太宗六年（1234）秋，"三汊沽之地未霜而草枯，滩面宽平，盐卤涌出，或经日自生"。三叉沽开始出现盐卤地，于是当地百姓申报官府，官府便在这里设立十八家盐户，"招徕者益众"，设灶煮盐，当年获得丰收，盐产量超过其他盐场几近一倍。两年之后，元政府在这里设立"三汊沽司"和"大直沽司"两个管理盐业的机构。至元二十年（1283），元政府试行海运漕粮，从江南经东海、黄海进入渤海，入海还河，抵达大直沽。至元二十四年（1287），元朝开始大规模实施漕粮海运，海船从刘家港出发，沿海北行，若遇顺风，10天可达直沽，漕粮在此经北运河转运至大都。由于漕粮中转需要，便在这里建造了广通仓存储漕粮。与此同时，海船带来了南方的丝绸、瓷器，南洋的香料等商品，直沽成了海内外商品集散地，元人张翥的诗句"一日粮船到直沽，吴罂越布满街衢"，描绘出当时直沽商业繁盛的景象。另外，元代南北运河贯通，虽然运河运力有限，但来自中原地区的漕粮运输始终没有间断，少部分漕粮还是经由运河北上，天津与中原地区的经济贸易联系也十分紧密。海运、内河航运和盐业的发展促进了人员、商品的集聚，直沽的聚落规模日益扩大，元政府后来在此设海津镇。从天津的发展可以大致推断，早期的天津人来自军户、盐户、商户、船民等众多行业，元人傅若金《直沽口》曾有"兵民杂居久，一半解吴歌"的记录，反映出直沽兵民混杂，且以南方人为主的外来移民构成的人口结构，这也从根源上决定了天津人性格上的异质性和文化上的多元性。

20世纪30年代的天津城内景象

在元末明初之际，受战争影响，华北地区人口大量减少。明初洪武、永乐年间多次从外省移民至河北地区，其中以山西大槐树移民为最多。根据家谱研究，天津地区山西移民皆在郊区，且移民数量也不会太多。天津移民来源主要与军屯有关，永乐帝迁都北京时，将南京诸卫所调往北方。

永乐二年（1404），在出海口设天津卫，"以直沽海运商舶往来之冲，宜设军卫。且海口田土膏腴，命调缘海诸卫军士屯守"，共设三卫，筑城戍守。按照明朝卫所编制，天津三卫共有官兵16 800人，官兵携带家属落户于此地，生息繁衍，在明初这些军卫官兵及家属应当是天津人

天津城内的广东会馆
（资料来源：国家文物局主编，《中国文物地图集·天津分册》，中国大百科全书出版社，2002年）

口的主要构成。永乐十三年（1415），京杭大运河山东段运河水源问题成功解决，大运河畅通，漕运漕粮全部通过运河向北京输送，天津在运河上的枢纽地位进一步增强。由于天津地处水路枢纽，随着漕运、商业、运输业以及造船业的兴起和发展，越来越多的军卫人口从事经济活动，他们的身份由军人向生产者转化。另外，漕运、商业及其他经济活动吸引了大量外地人口向天津集聚，非军事人口不断增加，这使得天津城的军事性质不断削弱。到了明末，天津城的军事功能基本蜕化殆尽，明末右都御史兼领天津御史毕自严曾在奏疏中说："天津之为卫久已，名存实亡矣。"另据李邦华记载，明末天津城外濒临运河一带"商贾辐辏"，而城中则是"屋瓦萧条，半为蒿莱"的惨淡景象，反映了天津已经成为大运河上重要的商业城市。

进入清代，随着天津政治地位的提升，城市的巨大经济潜力也得到释放。康熙年间海禁开放之后，天津城市的海港贸易再次兴旺，其贸易范围迅速扩大到福建、广东、台湾等地。雍正年间每年有数十只闽船来津贸易，乾隆年间增加到数百只。与此同时，西洋商船来华贸易数量大增，各种洋货也随着闽广海船大量贩运至天津。随着河运和海运的发展，天津城市商业也日渐发达，在天津北门外大街各种商业街市纷纷兴起，并与东门外的宫南、宫北大街连成一体，顺城墙沿河之走势逐渐形成一个新月形的商业带，成为天津最繁华的地段，城外街巷、居民数量渐渐超过了城内。

清初天津城市地位的三级跳

清代是天津城市蓬勃发展的时期。雍正三年（1725），清政府升天津为州，天津从军事性质的城堡变为地方行政管理机构，同年十月又升为直隶州，下辖武清、静海、青县。雍正九年（1731），直隶总督唐执玉因天津为"水陆通衢，五方杂处，事物繁多，办理不易"，于是又升天津州为天津府。

天津城市的兴起是以漕运为基础的，而清代沿海贸易的发展又推动了天津城市的迅速崛起，清代中叶天津成为华北地区最大的商业中心和港口城市。道光时期，天津一带流传着"天津卫，好地方，繁荣热闹胜两江，河路码头买卖广"的歌谣。

随着漕运以及商业的发展，天津城市人口进一步增长。雍正三年（1725）天津废卫进入府县时期，天津人口就呈逐渐增加的趋势。学者高艳林曾对历史上天津城区街道里巷进行统计，明代天津有里巷118条，在清雍正年间，天津共建有里巷309条，比明代多191条。至咸丰九年（1859），天津城内共建有里巷485条。天津城内里巷的增加，从侧面反映了天津城市人口增加的事实。

乾隆年间的天津
(资料来源:《英使谒见乾隆纪实》)

运河城市竹竿巷

运河沟通南北,使得南方的毛竹能够大量北运,因此运河沿线很多城市都有竹竿巷,北京朝阳门内有竹竿胡同,通州有竹子厂,天津、德州、临清、济宁等城市均有竹竿巷。天津竹竿巷位于老城北门外,东邻估衣街,北靠南运河,南接针市街,长约300米,因当初有专营竹竿生意的店铺,故名竹竿巷。

道光二十六年(1846)《津门保甲图说》对天津人口进行了详细的统计,当时天津城内居民接近1万户,9.5万余人。城厢户口合计近3.3万户,总人口将近20万人。天津的城市人口结构也有所变化,天津最初作为军事城堡而存在,由于漕运的发展,城中除了土著居民外,主要是军士及其家属、船户和水手以及为漕粮转运服务的各类相关从业人员。清代以后,由于天津的商业日益发达,大量的工商业者定居在天津,成为天津居民。康熙《天津卫志》说天津是"五方杂处,逐末者众",古代有"士农工商"四民之说,商排最后,故经商称作逐末,说明天津从事商业的人比较多。根据《津门保甲图说》有关各类职业记载,当时天津从事商业活动的人口达到 27 628 户,在天津占人户总数的比例高达 65.7%,即天津城市超过半数的人口在经营商业,这样的人口结构有力地说明了天津城市的商业性质。

康熙《天津卫志》记载:"本卫土著之民凋零殆尽,其比间而居者率多流寓之人,是津门虽属商贾凑集之地,而土著者不得获其利焉。"这句话明确指出康熙年间天津本地人数量十分稀少,另据《天津卫志·艺文志》记载本地人的数量是"土著仅十之二而歉",说明本地人口不到 20%。"流寓之人"是指暂居之人,类似于今天的外来人口,天津多是"流寓之人",对比本地人口不到 20%,说明天津移民数量占人口比重高达 80%,可以说天津基本上是一个移民城市。

清末的天津城

天津开埠后,成为对外开放的通商口岸。天津城市在工业和商业方面充分发展,成为仅次于上海的全国第二大工商业城市。在工商业发展的带动下，天津城市日益发展壮大，很快聚集了大量的人口。由于历史文献记载不足，天津开埠之后很长一段时间内人口发展轨迹无法详细了解。根据《二十世纪初的天津概况》记载，1903年，天津城市人口64 693户，326 552人，比开埠前道光年间城市人口增加了127 837人。

> **开埠**
>
> 开埠，意思是开辟为商埠。1856年，英、法对中国发起第二次鸦片战争。1860年，英、法等列强逼迫清政府签订《北京条约》，天津被辟为通商口岸，英、法等九国在天津抢占地盘，划分租界。

二、天津话溯源

作为一个运河城市，天津对外交往是广泛而便捷的，天津从其诞生起，本地人在人口构成比例中占比很低，因此本地方言不太可能成为地方优势语言而占据主导地位。康熙《天津卫志·艺文志》中有《天津整饬副使毛公德政去思旧碑》，碑文记载称："天津近东海，故荒石芦荻处，永乐初始辟而居之，杂以闽、广、吴、楚、齐、梁之民，风俗不甚统一。"按常理说在这样高度开放而非封闭的环境中形成一种方言是很不容易的，即便形成一种语言，也应该是一种在华北地区类似于"普通话"的语言，至少应该与北京话十分贴近，而不是"大相径庭"的方言。

关于天津话的来源，有三种说法：第一种说法认为天津话是本地的静海话受到外来影响后，语言出现变调而形成的；第二种说法认为天津话与山西移民有关，即明初山西大槐树移民来到此处在山西话的基础上演变而来；第三种说法认为天津话是明初江淮移民跟随"燕王扫北"来到天津落户而形成的。学者李世瑜、韩根东曾发表论文《略论天津方言岛》，认为天津话不可能与山西移民有关，虽然天津有一定数量的山西移民，但是山西移民为散居，不可能成为地方优势语言，并且天津话与山西话听起来也完全是两种不同的方言，二者之间没有什么共同之处。天津话应该与江淮地区的移民有关，从天津方言本身所表现出来的语言现象可以证明，天津话与安徽、苏北一带的方言关系密切。两位学者曾讲到这么一件事。某一年安徽凤阳杂技团到天津来表演，杂技团的讲解员完全说的"天津话"。他们以为是临时雇用的天津人来当讲解员，但是到表演结束，他们与演员们谈话才知道杂技团演员口音和那位讲解员都差不多，原来他们说的都是凤阳家乡话，不是雇的天津人。两位学者联想到天津西于庄有一档民间舞蹈——花鼓，他们的唱词、鼓点、舞蹈、服饰都是从凤阳来的，他们还保存着"皇上给的龙票"，这应当与凤阳人移民天津有关。还有一次两位学者从合肥乘车南下，列车员们说的都是"天津话"，他们以为这是天津列车段的乘务员调到淮南铁路的，但询问后才发现他们说的是当地的安徽话。一位在徐州工作的天津同志告诉他们，徐州话和天津话差不多，只要动几个音就一样了。他们意识到，天津方言很可能与苏北、皖北一带有关，特别是以凤阳为中心的地区，当年"燕王扫北"时所带的兵可能就是从这里招募，后来在天津定居下来的，凤阳方言可能是天津话形成的"母方言"。受此启发，李世瑜、韩根东决定进行实地田野调查，先后去凤阳和蚌埠地区调查方言，发现蚌埠方言和凤阳方言基本相同，与天津话有一定差距，因此凤阳是天津方言的"母方言"的假设被否定了。出人意料的是，二人在调研中却遇到几个当地人，说话是天津口音，二人一打听才知道这些人是固镇的。二人马上赶往固镇，结果在那里"天津话"大行其道，两位学者与当地人终于有了"共同语言"。天津曾有"小淮安"之称，淮安是周恩来总理的故乡，周总理的口音很像天津话，两位学者又意识到，天津话还可能与淮安方言有一定关系。一个月后，两位学者再次南下，调查宿州方言情况，同时又复查了蚌埠、徐州、睢宁等地的方言，补充和修正了第一次调查中的不足。他们发现宿州话和固镇话十分相近，因此确定天津方言就是来自以宿州为中心的广大淮北平原。

> **方言岛**
>
> 　　方言岛是一种形象的比喻说法，是指在一个较大方言区内存在着更加微观的说另一种方言的片区，与周边地区的方言完全不同，类似于大海中的岛屿，因而称作方言岛。方言岛的形成与历史上的移民有关，即一部分人群迁移到另一个区域，集中居住生活，形成独特的说自己方言的区域。例如，抗日战争时期，福州沦陷，一部分人逃离福州来到顺昌县居住，形成福州方言岛。

　　在天津，有一些本地人讲他们的老辈是"燕王扫北"时从安徽迁来的，当年燕王从安徽招募百姓参军，携家带口沿运河北上，到达天津落户。在安徽固镇也有"燕王扫北"的传说。说是朱元璋称帝后，仿效古人，把自己的儿子分封到各地。据说四子朱棣不是他的亲儿子，于是让他带领大批老弱残兵到北京戍边。朱元璋给燕王制定的征兵标准是："弱冠不挑，而立不去，天命之年随军而去。"这句话的意思是说，燕王征兵，二三十岁的青壮年都不许挑，只许挑五十岁左右的人。这些老弱残兵于是带着一家老小随燕王北上，到了天津定居下来。天津与固镇远隔千里，但这两个传说却高度一致，历史上也确实有永乐皇帝从南方征调卫所将士北上的历史事实。很可能明初天津三卫的兵员构成是以宿州和固镇人为主，他们从南方调到天津，筑城戍守，成为天津人。三卫军兵加上家属怎么也得有六七万人之众，他们成为天津人口的主要构成部分，形成人口优势且集中居住，再加上这些人的政治地位和经济地位比较高，于是江淮方言成了天津卫的通用语。在江淮方言占据语言优势的条件下，外来移民的子孙也必然接受这种语言环境，在长期的交流与融合中，以江淮话为基础、融汇其他方言的天津话就形成了。

> **燕王扫北**
>
> 　　多见于民间传说，北方很多移民追溯明初先祖北上时，习惯于用"燕

王扫北"的说法,正史中并没有朱棣平定北方的事实。永乐帝迁都北京,大批军卫北迁,同时向北方大量移民,"蓝王扫北"很可能是对这一历史事件的形象化表述。

三、妙趣横生的天津方言

俗话说"京油子,卫嘴子",作为运河大码头,天津人的生活离不开运河,谋生不易,要想在码头上混得开,眼尖手快、办事麻利、会说话、好人缘都是必备技能。天津人被称作"卫嘴子",就是说天津人的表达能力出类拔萃。天津人也的确能说、爱说、会说,以至于说出了艺术水准,以天津话为底色的曲艺节目在国内绝对是杠杠的实力派,马三立老爷子的津派相声,在国内可谓首屈一指,他的经典包袱如"马,三条腿立着""挠挠""逗你玩",真是脍炙人口,可视作天津语言艺术的巅峰之作。

天津是运河载来的城市,衣食住行等日常生活均仰赖运河。在运河码头上,需要和各色人等打交道,要和不认识的人迅速建立起关系,这需要一个人八面玲珑,具备察言观色和善于交际的本领。天津著名作家林希在《九河下梢说码头》一文中有这样的描写:

天津人讲"精气神儿",天津人骂人是"死蔫蛆",全都是码头遗风。天津人连吃饭都带着码头气派,天津人吃煎饼馃子,吃大饼卷牛肉,把这种吃法

马三立
(资料来源:甘勋优著,《甘勋优肖像漫画作品选》,江西美术出版社出版,2017)

叫"吹喇叭"，就是不能因为吃饭误了潮起潮落的时间……既要相互适应，又恪守自己的生活方式，"混个热闹"，把钱挣到手是"真格的"。天津人讲最后目的，不注重过程，只要"大面儿"上过得去，没有那么多规矩板眼。光在一个码头上混，天津人说"栖锅底"算不得是本事，要有本事跑码头，在各个码头间跑来跑去。这，就是《日出》里胡四说的那个名词"吃得开"……"老牛筋"不行，"老执鬼"不行，先要有"人缘儿"，然后才会有"饭缘儿"。必须八面玲珑，天津人说要会"来事儿"，如此，才能在天津这个大码头上"横趟"。

天津市著名语言学家谭汝为指出，上文中所用的很多用语，如"精气神儿""死鹢蛆""吹喇叭""混个热闹""真格的""大面儿""吃得开""老牛筋""老执鬼""人缘儿""饭缘儿""来事儿""横趟"等，均是富于天津地域色彩的方言词语，都是天津码头文化的产物，天津方言与码头文化是相辅相成的。

天津方言的码头文化特色首先表现为简洁明快，不拖泥带水，能用一个字表达，绝不用两个字。天津话把什么叫作"嘛（mà）"，把幽默叫作"哏"，其他的还有：掰（决裂）、扳（纠正）、改（挖苦，戏弄）、海（极大，极多）、贫（油滑）、肉（性情愚笨，动作迟缓）、涮（耍笑，作弄）、倍儿（特别，非常）、派儿（派头）、广（争吵，吵架）、猴儿（逮捕，关押）等。别这样叫作"别介"，戏弄人叫"打镲"，遇到麻烦叫"崴泥"，出丑叫"栽面儿"等。其次，天津话广泛使用俚语和俗语，语言幽默诙谐，生动形象。如日常损人用语"德行"，天津人会通过俏皮话拐弯抹角地表达出来说："宫北大街的帽铺——德兴（行）。"过去天津城东的娘娘宫的宫北大街原有一个专卖帽子的商店——德兴帽铺，所以有了这么个俚语。过去天津方言还有一句俏皮话"赵老二扛房檩——顶这儿了"，意思是说某人或某事到此打住，不会长进，亦无发展，没啥前途了。天津人还喜欢利用本地街巷特色编造新俗语，汉语中广泛使用的俗语"你走你的阳关道，我走我的独木桥"，到了天津，就说成"你走你的中山路,我钻我的耳朵眼儿"。中山路建于 1903 年,宽 30 多米,在当时是全市最宽的马路,耳朵眼儿胡同最窄处不到两米,是全市最窄的小胡同。老天津卫还有个俗语"梁嘴子过河——赵场(照常)办事"。梁嘴子又叫梁家嘴,与赵家场隔南运河相望,天津人要想去赵家场办事,必须从梁家嘴过河,所以留下这个俗语,这句话的真实意思是甭听别人瞎咋呼,该怎么办就怎么办。

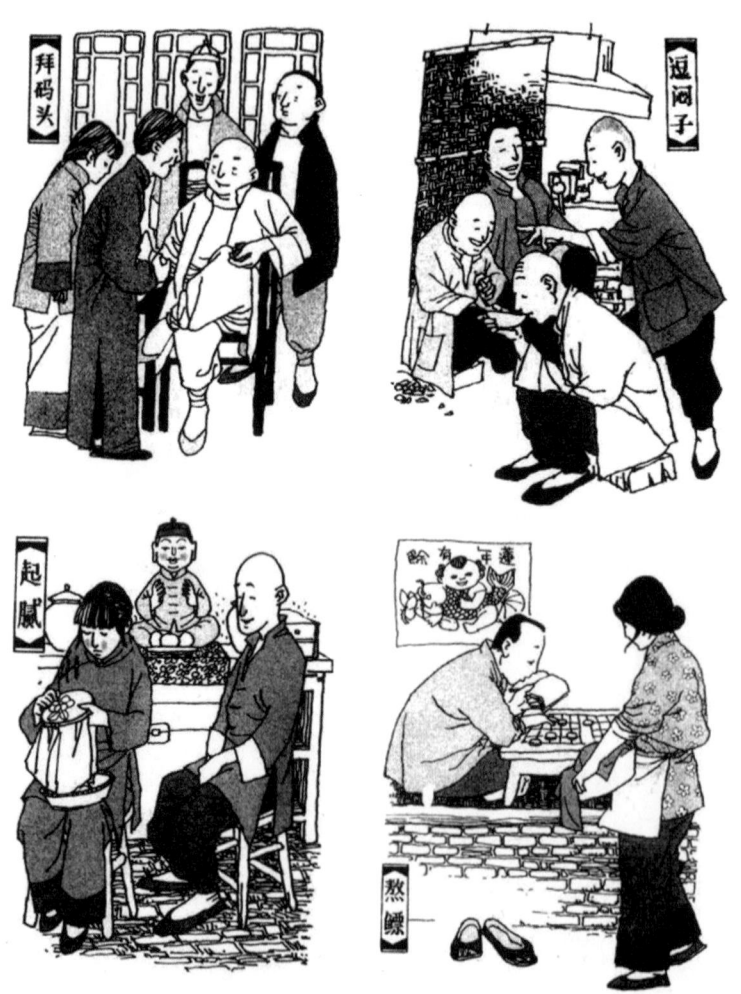

天津方言
(资料来源:林希文、王志恒画,《画说天津话》,天津人民美术出版社,2004)

清末《天津城厢保甲全图》中的梁家嘴和赵家场

天津话还有一个特点，就是有亲切感，可以迅速拉近与陌生人的距离。典型的例子就是"姐姐"的称谓在天津广泛使用。在别的地方，"姐姐"是指同辈中比自己年纪大的女性，可是在天津，"姐姐"这个词还广泛使用在对陌生女性的称呼上。不管她是四五岁，还是四五十岁，天津人一律称为姐姐，特别是外地的小女孩到了天津，被比自己年纪大的人叫作姐姐，都很不好意思，可天津人却十分淡定。那么，天津人为什么管陌生女性叫作姐姐？这或许与天津作为运河码头有关。在日常生活中，如果生活在一个封闭的熟人社会，我们对每个人都十分了解，在称谓上就会十分精确，如农村社会中的七大姑八大姨，就是源于方圆十里之内熟识社会网络而构建的身份称谓。但在人来人往的运河码头上，则是一个相对开放的生人社会。大运河上四方之人往来穿梭，如过江之鲫，码头上每天都会遇到形形色色的陌生人，遇到陌生男性，比较好解决，一声兄弟啥都解决了。可是遇到女性时，就会遇到一定的困难。假设这个陌生女性年纪容易分辨，把年纪大的叫大娘，中等年纪叫大姐，年纪轻的叫姑娘、妹妹，这都没问题；但也常有一些女性的年纪不好分辨，这时就遇到如何称谓的问题了，把年纪轻的叫成大娘，把年纪老的叫作妹妹，多尴尬啊，倘若再莽撞地叫一声大嫂，万一人家没结婚还不骂你一通。所以遇到陌生女性，在不知道人家身份底细的情况下，不能贸然称呼。如何规避风险呢？聪明的天津人就使用了"姐姐"这个相对中性的词，既能拉近距离，还带有些许尊敬，可以避免尴尬局面产生，所以"姐姐"一词是适应运河码头生人社会交际的语言产物。邬美丽、崔显军曾写过一篇论文《天津话拟亲属面称"姐姐"的社会分层研究》，对天津话里"姐姐"称谓的社会不同阶层使用情况做了专项调查，结果发现，"姐姐"的使用存在很明显的阶层、场合、年龄差异和一定的性别分层。具体来看，"姐姐"的使用，次级阶层使用比例最高，其次是中等阶层，较高阶层使用比例最低；场合分层调查显示，较为正式的场合，"姐姐"的使用比例较低，较为不正式的场合，"姐姐"的使用比例较高；年龄分层调查显示，中老年人使用"姐姐"的比例明显高于年轻人；性别分层的调查显示，中老年男性和中老年女性使用"姐姐"的比例没有明显差异，但是40岁以下较年轻的受访者，女性使用"姐姐"的比例稍高于男性。这个调查结果也说明，"姐姐"这个称谓是社会大众用语，是天津市民社会的民俗语言产物。

  天津话是深受运河文化影响的地方语言，也是最能体现民间日常生活的地方语言。这种深深植根于民间的运河语言，总是那么让人感到亲切、愉悦，具有强大的艺术感染力，这使得天津话在影视、文学、曲艺、小品、评书等文艺作品中被广泛使用，深受国人喜爱。可以说，天津话是运河文化和移民文化结合的产物，在中国是知名度非常高的一种方言，也是天津作为运河城市的重要文化符号。

第八章

雅俗共赏的天津非遗

北京和天津，近在咫尺，但城市文化却迥然不同。虽然都是运河城市，北京城市文化走的是高端路线，拿北京的老字号来说，瑞蚨祥、步瀛斋、全聚德等，各个如雷贯耳，用字文雅，卓尔不群，一副高端大气上档次的堂堂气派。天津城市文化则走的是平民路线，天津的老字号有狗不理、泥人张、耳朵眼儿等，用词平实，生活意味浓厚，透露出满满的民俗气息。如果说北京是大雅，那天津就是大俗。大运河赋予天津平民气质，天津的物产和天津的艺术，均呈现出强烈的大众化取向，深受广大百姓喜爱。过去谁家墙上没有挂过杨柳青年画，又有谁在天津没见过泥人张雕塑艺术呢？天津非遗，值得一说。

> **年画**
>
> 年画是中国民间最为流行的一种艺术品，每年临近岁末，中国多数地方都有张贴对联、年画、门神等习俗，主要用来装点新春佳节，增添节日氛围。年画一般农历新年期间张贴，至岁尾年画已旧，需要更换新画，一年一换，故谓之"年画"。

一、家喻户晓的杨柳青年画

在如诗如画的天津大运河畔，有一个地方叫作杨柳青，地名如诗，这里出"画"。20世纪80年代以前,中国广大城乡地区每到新年,家家都要去商场或集市上购买年画,回到家里,贴在墙上,充满了节日的喜庆气氛。数百年间,天津杨柳青年画畅销于中国北方广大地区,深厚人们喜爱,可谓家喻户晓。

杨柳青,今属天津市西青区,是华北地区最早利用雕版印刷来印制年画的地区之一。杨柳青明代称作古柳口,地处南运河西岸,为运河上的古镇。杨柳青周边盛产杜梨,又称棠梨,其木质坚硬,较为细腻,是中国古代常用的雕版与墨模材料。并且,杨柳青位于运河之上,江南的精致纸张和水彩可通过运河运至杨柳青。杨柳青依靠便捷的交通,北上京津,南通江南,商品容易转销,因此成为华北地区年画的产销中心之一。因相关史料缺乏,杨柳青年画最早出现的时间已不可考,但依据古旧画迹和各方面的考察,杨柳青年画至少在明中叶的弘治、嘉靖时期就出现了。到了万历、天启年间,杨柳青年画已规模化生产,明末更加兴盛,并随着大运河流通至国内各处。杨柳青年画与苏州桃花坞年画并称为"南桃北柳"。根据研究,杨柳青年画比苏州桃花坞年画的历史或更早些。从保存下来的两地印版画迹来看,苏州桃花坞年画在风格上主要继承了南京雕版印刷传统;天津杨柳青年画在风格上则继承了北京的雕版印刷传统。现知杨柳青最早的画店为戴莲增、齐健隆。据推测,这两个名字最初可能皆为画工之名,后来成为画店名称。后来又在两家店的基础上演化出更多的画店,如莲增、莲增丽、健隆、健惠隆等。清代乾隆年间杨柳青年画达到极盛,当时杨柳青拥有很多优秀的画师、雕版师,农村妇女儿童也加入年画生产制作,从事填色、开脸等工作,以至于形成"家家都会点染,户户皆善丹青"的画乡,产品行销华北和东北地区,并远销到山西、内蒙古、新疆等地。

杨柳青年画不只在杨柳青一个地方生产,邻近的炒米店村和宁河区的东丰台镇也都是年画生产地。炒米店位于杨柳青南边约七公里处,故杨柳青人把炒米店出产的年画叫作南乡年画。据说炒米店的年画作坊是清朝乾隆年间从杨柳青传过去的。炒米店位于天津通往保定的交通要道上,距离运河也不是很远,是津南物资集散地之一,民间有"一京二卫三炒米店"的说法,可见其商业实力不俗。清朝中晚期,运河商路不像以前那样通畅,而天津与保定之间的交通优势日益突出,使得杨柳青年画的生产与销售转移到这里。炒米店的年画生产,更多地依靠当地农户,他们利用农闲时间从事绘画和印刷,特别是农家妇女成了年画制作的生力军,因此这里的年画成本低、销路广。光绪末年,炒米店的年画作坊一度发展到60多家,竟远远超过了杨柳青,其鼎盛时的年画年产量是杨柳青的数倍。

金玉满堂

(资料来源:韩祖音、刘见编著,《中国杨柳青木版年画选》,天津杨柳青画社,1999年)

天津丰台镇位于宁河、宝坻、丰润、玉田交界处,处于交通要道之上,商贾云集,有"京东第一镇"的美誉。为与北京丰台相区别,人们便在前面加个东字,称东丰台。东丰台开始生产年画的时间要比炒米店晚,至今有一百多年的历史。清末民初时期,年画生产和销售一度超过了杨柳青和炒米店。当时,东丰台是销售东北地区和山东、河南一带的年画总集散地。东丰台的画店从杨柳青和炒米店高薪聘请画工、雕版师参加年画设计和生产,为了提高产量,许多年画作坊都采用了畜力拉木版手印机的方法生产年画，同时，还利用西洋泼色和洋粉连纸获取成本优势，这样东丰台的年画极具价格竞争力，以至于产销量要比炒米店等地多几十倍。东丰台年画，在一般人的印象里，认为是杨柳青、炒米店系统，而画商却说是属于武强系统。武强是河北中部平原上的一个小县，也是国内著名的年画生产地。武强年画一般称为"河西货"，东丰台年画称作"河东货"。据说，东丰台最早的画工来自武强；而武强最初的画工，是来自杨柳青的学徒。武强年画费工少，制作快，年画质量不如杨柳青年画精致，但产销量大，主要销往广大农村市场。总体而言，清末民初杨柳青年画在产量上是东丰台第一，炒米店第二，杨柳青第三；在质量上则是杨柳青年画制作最为精致，炒米店、东丰台的年画作为普销货则比较粗糙。

杨柳青年画是印绘相结合的制品，内容生动，形象优美，色彩艳丽，而且富有装饰趣味，为生活增添了喜庆气氛，成为城乡迎新纳福的必备艺术品。杨柳青年画的制作过程大致如下：先由画工师根据彩色样稿画出墨线稿和分色稿，再由刻工师傅分别刻出墨线全图及套色单版。然后交由印工师印成所谓"画坯子"，即未经笔绘的半成品。最后由手绘师根据色彩要求，点染颜色，晕粉描金，加工完成，不亚于工笔绘画。

杨柳青年画可以大致分为历史故事年画、戏出人物年画、娃娃仕女年画和世俗杂画等几类，其中杨柳青娃娃画最负盛名，民间常常称之为"杨柳青胖娃娃"，这是古代社会对于传宗接代的"多子多福"生育需求的艺术表现。戏出人物年画内容多取材于京剧等戏曲人物，相比其他年画，杨柳青所产的这类年画要多得多，这或许与京津两地为北方两大都会，戏曲兴盛，民间深受影响有关。历史故事年画风格多样，多取材于演义小说、民间戏曲以及神话传说。世俗杂画包括吉祥年画、世俗风情、风景名胜、警世讽喻、花鸟鱼虫等类别，有一定的迷信成分，绘画内容容易被社会大众所接受，符合民俗需求。杨柳青年画印制精细，题材丰富，另外其风格也受到了北方民间版画和院体工笔画的影响，在木版刻印套色之后更重视人工填色开脸，追求细腻工致的绘画效果，在中国木版年画发展中具有重要的地位。

第八章　雅俗共赏的天津非遗 | *121*

娃娃图
（资料来源：张映雪编，《杨柳青木刻年画选集》，中国古典艺术出版社，1957）

　　清代后期，随着漕政败坏，运河失修，加上战乱影响，经济凋敝，杨柳青年画开始走下坡路。1900年前后，杨柳青还有十二三家年画店。每家年画作坊，还拥有十几个刷印年画的案子。当时戴莲增家每年还能印制发行一百余万张年画。当时炒米店一带最有名的画工和雕版师，都聚集在杨柳青，包括徒弟在内，一时所聚集的画工和雕版师就有几百人。随着近代石印技术兴起，年画制作开始舍弃雕版印制方法，石印年画色泽鲜艳，丰满圆润，质量更高，因此风行一时。年画具有时尚产品特性，一年一个样，过时不用的木质画版便被当作废品随意丢弃；加上近代天津屡遭战火，社会动荡，自然灾害频发，许多

门神
（资料来源：刘建超主编，《杨柳青木版年画》，天津杨柳青画社，2015）

画店纷纷倒闭,所积存的画版大量流失,或毁于战乱,或被民间当作菜板、缸盖,或劈柴生火,杨柳青年画雕版印刷技术因之几乎消亡。中华人民共和国成立后,政府及时抢救整理年画制作与生产工艺,在传统基础上从事改革与创新,1958年成立天津杨柳青画社,广泛搜集、整理杨柳青年画资料,复制出版传统年画并多次出国举办展出,使杨柳青年画重获新生并赢得世界声誉。

> **年画四大家**
>
> 中国民间木刻年画产地很多,其中以苏州桃花坞、天津杨柳青、山东潍坊和四川绵竹四大产地最负盛名,被誉为"年画四大家"。

二、巧夺天工的"泥人张"艺术

北京西城区有一个胡同,叫做刘兰塑胡同。据说这里原是元大都天庆观旧址,观内的神像都是刘元所塑,《天咫偶闻》记载道:"天庆观在旃檀寺南,俗称刘銮塑,神像皆出元刘供奉銮手。"民间将刘元读作刘兰或刘銮,故而留下刘兰塑胡同这个地名。刘元(今天津市宝坻区刘兰庄人)是元代首屈一指的雕塑大师,他善于学习,书画雕塑技艺纯熟,其作品有鬼斧神工之妙,使元代的雕塑艺术达到了巅峰。

在近代,天津也出现了一个民间雕塑艺人,技艺高超,被称为"刘元"再世,与刘元相比"有过之无不及",这就是中外闻名的"泥人张"。泥人张名叫张长林,字明山,清道光六年(1826)出生于天津,父亲张万全就是捏制泥塑的艺人。天津作为运河上的大码头,是江湖艺人扎堆聚集的地方,泥塑艺术在天津很早就出现了,清人崔旭于道光四年(1824)在《津门百咏》中就写下了"竹马鸠车不倒翁,太平鼓子闹儿童;泥人昔说鄜州好,可似天津样样工"的诗句,其诗下作注说:"宋时鄜州泥孩儿名天下,今天津泥人亦附近所无。"这说明至少在张明山出生之前,天津的泥塑艺术已经非常有名了。泥塑艺术是经由大运河从南方流传到北方的。江南地区经济发达，民间消费力强，一些心灵手巧的人利用特定的泥土制作泥塑艺术产品，有儿童玩具、家庭摆件、辟邪祭祀品等，在年节时或庙会上售卖，随着民间文化的繁荣，部分地区开始批量化生产，如江南无锡惠山出产的"大阿福"。杨锡绂著《漕运则例纂》一书曾列举了清代江南地区漕船北上所携带的"土宜"产品中就有泥人，也有许多南方泥塑艺人来北方谋生。泥人张的父亲张万全就是从浙江绍兴乘船北上到天津谋生的泥塑艺人。

泥人张创始人张明山
（资料来源：刘尧远、白秀轩编著，《天津泥人张》，中国轻工业出版社，2017年）

张万全在天津依靠自己制作并出卖泥塑产品为生。张明山从小就在父亲身边捏泥巴玩，在父亲的教授下掌握了一些泥塑技艺，13岁时张明山从私塾辍学，专门跟随父亲从事泥塑事业。随着张明山泥塑技艺的提高和成熟，他不满于程式化的技法，开始探索新的路子。他的探索首先从突破父亲教授的雕塑技法开始，据说张万全最擅长塑造一个名叫《白猿托桃》的泥塑产品，这是一种象征长寿和吉祥的小摆设，非常受顾客的喜爱。有一天，张明山外出，在路上看到有人耍猴，他也好奇地走上前去观看。俗话说，外行看热闹，内行看门道。张明山看到猴子后，马上联想到父亲所雕的白猿与真的猿猴还是有差别的。到了晚上，趁父亲已经熟睡，他偷偷把父亲做好的一批白猿进行修改，做得和真猴一模一样。第二天早晨，张万全看到自己的作品被改动，大为震怒，他吼叫着："我卖了十几年的《白猿托桃》，没一个主顾不说好的，你这一改叫啥玩意儿！卖不出去，明天一家子都喝西北风去呀！"木已成舟，恼怒也无用，摆出去卖吧。出人意料的是，在这两种作品一块儿摆到市场上之后，张明山的白猿作品深受市场欢迎，被抢购一空。从此，张万全对张明山就另眼看待了，而张明山也就更加勤奋，开始了对他喜爱的彩塑事业的探求之路。

天津的彩塑艺人大都善于制作肖像，他们往往塑造出当时著名戏剧演员的肖像，摆在橱窗里，作为技能展示，以招揽顾客。道光二十四年（1844），著名京剧老生余三胜来天津演出，引起社会轰动。在那个时代，京剧就像今天的流行歌曲一样，余三胜就是当时的"明星"，社会影响力非常大。商家很会利用明星蹭流量，很快，天津的大街小巷出现了许许多多余三胜的画像和塑像。但是，市面上的这些作品都从简单的形似出发，仅仅强调余三胜眉宇间的三道皱纹，加以夸张表现，而人物神态却拿捏不足，毫无生气，说白了就是做得很假。张明山也趁机塑了一尊余三胜像，他在制作余像前，多次听余三胜唱戏，仔细观察余三胜的神态表情，一举一动、一招一式都默记于心。在创作时，张明山不仅强调了余三胜眉宇间的皱纹，而且注重余三胜的面部神情刻画，强化对其习惯性动作的展现，可谓形神兼备、活灵活现，人们看到后都叹为观止，他的作品被人们誉为"活余三胜"。趁余三胜来津演出，天津泥塑艺人同时塑余三胜，实际是泥塑技艺展演和大比拼，18 岁的张明山艺压群雄，脱颖而出，从此名声大震。

张明山的作品多属于小型雕塑，小的只有两寸多高，像《蒋门神》《文官》等。《蒋门神》雕塑人物的头只有蚕豆大小，但满脸横肉，加上挺胸腆肚、倒背双手的姿态，展现出一种毫不讲理的样子，把这个恶霸的形象刻画得入木三分。张明山也为寺庙制作过大型彩塑，药王庙请他塑药王像，他独出心裁地塑了我国历史上十大名医，获得了好评。据《大公报》"天津人物志"记载，他曾为天津某庙宇塑过《关公夜观春秋像》，关公"一手持书卷，一手捻美髯……身披绿袍，威风凛凛。关平捧印，周仓持刀，侍于左右，颜肤朱、白、黑，神情团聚，栩栩如生"，此像后"移供于下佛寺，而瞻拜者静穆流连，几不知为泥塑"。《天津志略》中说："张长林字明山，精于捏塑，能手丸泥于袖中，对人捏像，且谈笑自若，从容不迫，顷刻捏就，逼肖其人，故有'泥人张'之称，驰誉南北。"

张明山50多岁时曾离开天津去北京待过两年,做过不少泥人儿出售。后被某贝子邀入府中做泥人儿,在贝子府里他见过一位小太监遭鞭打,便毅然逃出了贝子府。现在,故宫博物院和颐和园里都分别藏有张明山的作品。颐和园的泥塑源于庆宽为慈禧祝七十大寿的寿礼,据清宫档案记载:"光绪三十一年(1905年)四月十九日,庆宽进巧捏泥人八匣计八出。"庆宽,字筱珊,别号松月居士,辽宁铁岭人,擅画山水,曾师法戴熙,花卉学王丹麓。先于醇亲王府供职绘事,后进内务府,任员外郎、郎中等职,奉旨创作了大批宫廷历史绘画。慈禧七十大寿时,他又从某王府或某贝子府买到了张明山的泥人八匣进献给慈禧。

张明山60岁左右时,曾到上海、南京等地游历,并结识了一些画友。他在上海曾拜会过任伯年,相互之间还交换了作品,张明山把他创作的《武家坡》赠送给了任伯年,任伯年也把一幅《野凫图》回赠张明山,南北两地艺术家的会见书写了美术史上的一段佳话。光绪年间《上海时报》评价说:"泥人张的工巧艺精胜过南方艺人。"

余三胜戏装像
(资料来源:邵文菁,《"抟泥塑人间"——天津"泥人张"的俗世传奇》,https://www.thepaper.cn/newsDetail_forward_16389348)

蒋门神
(资料来源:天津艺术博物馆编,《泥人张彩塑艺术》,文物出版社,1987年)

> **任伯年**
>
> 任伯年（1840—1895年），初名润，字次远，号小楼，后改名颐，字伯年。浙江杭州萧山人，清末著名画家，代表作有《紫藤翠鸟图》等，对近现代花鸟画有很大影响。

1906年4月29日，张明山在给好友送殡途中感染风热，回家后仅一个星期就与世长辞了，享年79岁。张明山继承了我国民间泥塑艺术的写实风格，同时又在中国绘画艺术和戏曲艺术中汲取了营养，终于成为19世纪具有独创性的优秀彩塑艺术家，为中国彩塑事业开拓了道路，为民间彩塑的继承与发展做出了重要的贡献。

三、运河小曲天津时调

天津时调是天津独有的曲种，起源于明清时期天津一带流行的民歌小调。清代，随着漕运和天津城市的发展，天津戏曲文化越来越发达，各地的民歌小调随着艺人大量聚集纷纷流入天津。这些民间小调和天津本地小曲鸳鸯调、靠山调等被统称为时调。这个曲种唱腔包括靠山调、鸳鸯调、胶皮调等民间小调，并且这些小调用天津方言演唱，充满乡土气息，腔调高亢、词句通俗、韵味醇厚，很适合天津人的口味。过去，在天津街头巷尾，茶余饭后，经常能听到有人自弹自唱这些小调。清末民初，时调已在天津市区盛行，艺人多是从事搬运或手工业的工人、车夫、轿夫、瓦木油漆工匠以及绱鞋、剃头行业的劳动人民，被称为时调的票友。最初，票友自娱自乐性质的演出在天津非常普遍。

时调演出呈现出季节性和民俗性两大特点。季节性演出是在夏季，时调票友往往集中在天津的南北运河、海河两岸，三五成群，席地而坐，沏上茶水，摇着凉扇，随三弦引吭高歌；也有的时调票友会约上三五知音，在自家附近的道边巷口处摆上桌椅，泡上清茶，自弹自唱；还有人在城南洼、三不管一带的大水坑中演唱,人们在这里乘坐游船纳凉,船上有乘客或三或五,一人弹弦,一人击打茶杯,二人对唱靠山小调小曲。民俗性的演出是在七月十三的罗祖(理发业祖师)诞辰和七月十五的盂兰盆会上举行。每逢这两个节日,各票房竞相演唱,争强斗胜。由于时调受到群众的欢迎,以演唱时调为主的艺人也出现了,并且得以进入"明地"(含小席棚子)演唱。至少在1900年,天津已出现专业的时调表演艺人,这些艺人后来多半进入了杂耍园子演唱,同时为适应杂耍园子的需求,时调演员与弦师合作,化庸俗为通俗,使唱腔逐步由粗放、高亢趋向华丽、婉约。此后,时调愈发在社会上流行开来,1946年《天津中南报》上的一篇文章曾谈及时调早年在津流行的情形时这样描述:"盛况空前,坐无隙地,捧者如狂。"

说到天津时调,有一个重要人物不得不提,这就是著名的天津时调表演艺术家——王毓宝。王毓宝是天津人,1926年出生在河北大街石桥西胡同的一个手艺人家。父亲王振清,是油漆匠人,自幼酷爱演唱靠山调。在父亲的影响下,王毓宝在五六岁时就迷上了时调。在父亲的精心培养下,王毓宝很快就掌握了靠山调的唱腔技巧,并能唱上三两段。王毓宝先天条件极佳,嗓子好,能唱高腔,并且悟性高,唱腔技巧掌握快。王毓宝父女很快就在天津小有名气,附近地方凡有民俗活动、亲朋聚会或喜庆节日,都会邀请他们演出助兴,名曰"走票"。王毓宝8岁开始跟随父亲到处走票,13岁开始登台演出,很快便崭露头角,在时调表演艺术上站稳了脚跟,也从此开启了她的时调人生,迎来了属于她

王毓宝
(资料来源:周利成主编,《楮墨留芳:天津文化名人档案》,天津古籍出版社,2014年)

的时代。

20世纪三四十年代,时调已从露天演唱进入书场、茶社,但有些园子还是把时调拒之门外,认为时调属于俚俗节目,不能登大雅之堂。1948年冬,天津南市群英戏院要大修,戏院经理很怕包括王毓宝在内的时调人员流散了,就与小梨园经理商量让时调剧团暂时去小梨园表演,待群英戏院修好后再回来。但小梨园的管事偏偏不要时调,说:"小梨园从开张那天起上的就都是高雅曲艺,献演的也都是一流艺员,我今儿个要是让靠山调这样低级的玩意儿上了场,往后我们还怎么邀角儿呢?"最后,双方达成协议,试演3天,如果观众认可就接着演,否则走人。当时只有23岁的王毓宝深知这次机会难得,所以她在曲目上、唱腔上都做了精心的准备。在接下来的3天连演当中,场场博得满堂彩,一场比一场叫座,特别是第三天,很多社会名流纷纷慕名而来。也就是在这一天,时调才正式登上大雅之堂,真正得到了社会的认可。

中华人民共和国成立后,王毓宝与弦师及词曲作者通力合作,坚持改革,把天津时调推向了一个新的历史阶段。1953年,天津广播曲艺团成立,王毓宝在马三立的推荐下加入了曲艺团,成为国家剧团的演员。她和弦师共同创作了新曲目《摔西瓜》,在天津一炮打响。从此,时调因浓厚的地方色彩且以天津方言演唱而被定名为"天津时调",《摔西瓜》曲目也成了天津时调的开山之作。

1958年8月,王毓宝在第一届全国曲艺会演中大放异彩,在反映天津人民根治海河事迹的《翻江倒海》节目中,用激昂声腔和生动的内容立体展现了劳动人民在社会主义建设中战天斗地的英雄气概。这个节目在北京举办的首届全国曲艺会演中广受好评,全国的曲艺工作者也从此知道了天津有一个唱"女高音"的王毓宝。会演过后,王毓宝与高元钧、骆玉笙、蒋月泉、朱慧珍、李锦田、杨海荃、郭文秋等曲艺名家一起进行了全国巡回演出,把天津时调唱遍了大江南北。王毓宝的出现改写了百年时调历史,她

天津时调
《摔西瓜》

凭借自己的高超技艺，让天津时调得到了全国曲艺界的认可，也为天津时调争得了在曲坛上的地位。

2006年6月，天津时调和杨柳青木版年画、泥人张等被列为国家级非物质文化遗产。

王毓宝（中）在演出中
（资料来源：罗微主编，《第二届中华非物质文化遗产传承人薪传奖》，文化艺术出版社，2013年）

运河上的京津冀

第三篇 运河上的河北

视频（上）　　视频（下）

第九章

河北运河往事

在河北众多的河流当中，运河是独树一帜的，历史上南运河和北运河将河北平原上的所有大型河流、湖泊连接起来，构建起便捷的水路交通网络，以此沟通四方，形成了支撑燕赵文化持续发展和演变的最基础性的动力之源。河北的运河，不仅仅有南运河、北运河，滦河、大清河、滹沱河、蓟运河等都曾有作为运河的光辉历程。

一、曹操和隋炀帝的贡献

曹操对河北地区的运河做出了开创性的贡献。熟悉三国的人都知道，东汉末年，发生了黄巾起义，导致天下大乱，各地军阀纷纷独立，割据一方。曹操出身官宦家庭，自幼机警过人。在汉末的群雄征战当中，曹操"挟天子以令诸侯"，先后击败各路诸侯，最后与袁绍决一雌雄。在官渡之战中，曹操打败了袁绍，统一了河北。袁绍的儿子袁尚、袁熙向北逃跑，投奔了盘踞在辽西山区的乌桓部落，对曹操仍旧形成威胁。曹操决心北伐，征讨乌桓，消除后患。作为一代枭雄，曹操绝对是一个具有远见卓识的人，在袁尚、袁熙投奔乌桓之前，曹操就开凿了三条运河，为后来的北伐做准备。公元206年，曹操就派董昭开凿"平虏渠"，从名称上就可以看出曹操要打谁，有学者认为平虏渠大约是今南运河青县至独流镇一段。另在今天津境内开凿了泉州渠，向东又开凿辽西新河。泉州渠在第二章天津运河往事一节中已有介绍，此处不再赘述。辽西新河实际上应该是连接泉州渠与滦河的一条运河。滦河发源于口外，可深入燕山腹地，并且古代滦河入海处与今日不同，东汉末年可能在唐山一带入海，故辽西新河与滦河连通，曹操大军粮草可由平虏渠经泉州渠、辽西新河进入滦河，再溯滦河进入辽西山区。1927年《中外经济周刊》曾记载当时滦县经济情况，水运交通在每年夏秋两季滦县至热河（今承德）之间可通客货民船，上行十二日可到，下行五日可达。由此可以推知，曹操一定是利用了滦河向辽西运输粮草。因此，讲河北运河，不能忽视滦河。

隋初，隋炀帝为征高句丽，开挖永济渠，这对河北运河产生了重大影响。隋炀帝三次征伐高句丽，永济渠对军事行动起到了极大的支持作用。在隋朝末年，永济渠就发挥了经济方面的作用，商旅往来不绝。根据研究，永济渠上游利用沁水南抵黄河，由于沁水多沙容易淤浅，因此永济渠上游的航运价值并不高。所以，隋唐时期，永济渠的起点应在今淇县、卫辉附近，今河南浚县大伾山下有隋代建的黎阳仓，就位于永济渠附近。从浚县往北，永济渠利用了曹操开凿的白沟河和平虏渠，经今内黄、大名、临西、清河、德州、吴桥、东光、沧州、青县等20余县（市），在河北青县北的"独流口"东流入海。这一段就是今天的南运河，又称作御河。隋炀帝于大业四年（608）开凿永济渠，"正月乙巳，诏发河北诸郡男女百余万开永济渠，引沁水南达于河，北通涿郡"，次年即乘坐龙船沿永济渠北抵涿郡，这样算来，永济渠至今已有1 400多年了。

由独流口直至运河终点涿郡，主要利用了桑干河等水源，为永济渠北段。由于唐朝地理文献《元和郡县志》遗失了关于永济渠部分的内容，今人无法得知永济渠自独流以北至涿郡的经行路线，永济渠北段路线也成了一个有待破解的历史谜团。目前有一种流行的观点认为，永济渠北段潞县是利用了今天的北运河，然后大致沿着凤河接凉水河抵达涿郡。不过，这种观点是禁不住推敲的。历史文献记载，大业七年（611），隋炀帝乘船沿永济渠北上幽州，在路上曾新设置丰利、通泽两个县，丰利是今天河北文安县，通泽在今永清县通泽村，这两个县的设置应该与永济渠的管理和维护有关。假设永济渠利用了北运河，隋炀帝却在距离至少 50 公里外的地方设通泽县，中间还隔着雍奴县（即现在的天津市武清区），那不是匪夷所思的事情吗？因此，永济渠北段河道应该在今河北廊坊一带，并没有利用北运河。

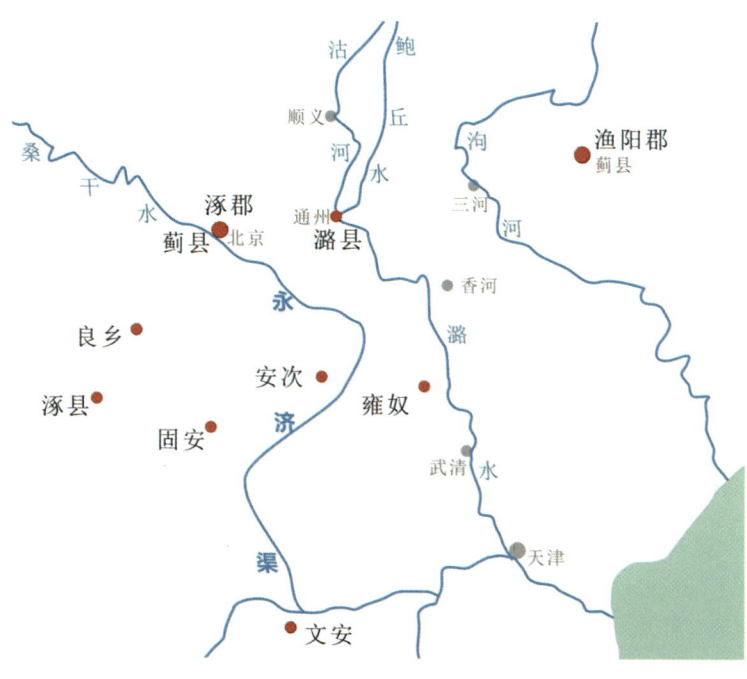

永济渠示意图

唐初，太宗李世民也曾征伐高句丽，利用永济渠向辽东运送军事物资。据说，唐朝从高句丽掳掠大量高句丽人，迁到今北京、河北一带，形成很多村落，如北京通州区有大高力庄，《元史》记载为"高丽庄"，顺义区有高丽营，海淀区有高里掌（高丽庄）。河北省青龙县有高丽铺、迁安县（现为迁安市）有高丽村。唐代为防范东北地区少数民族入侵，在幽州、蓟州、平州、营州、檀州、妫州等派驻军队驻守。平州为今冀东地区，唐代这里有大量的驻军。唐开元二十八年（740），分卢龙、石城（今滦州市榛子镇）二县地，置马城县（今滦州市马城镇），利用滦河实行水运，运送军需物资。杜甫在《昔游》中曾写道："幽燕盛用武，供给亦劳哉。吴门转粟帛，泛海陵蓬莱。"这说明唐朝曾从江南地区通过海运向幽燕地区运送军需物资，应当有一部分物资通过滦河运到马城。

唐代的马城和滦河示意图

二、金元建都与漕运

金海陵王迁都燕京，定为中都。金朝开始利用漕运制度来解决中都粮食需求问题。《金史·河渠志》记载："金都于燕，东去潞水五十里。故为闸以节高良河、白莲潭诸水，以通山东河北之粟。"

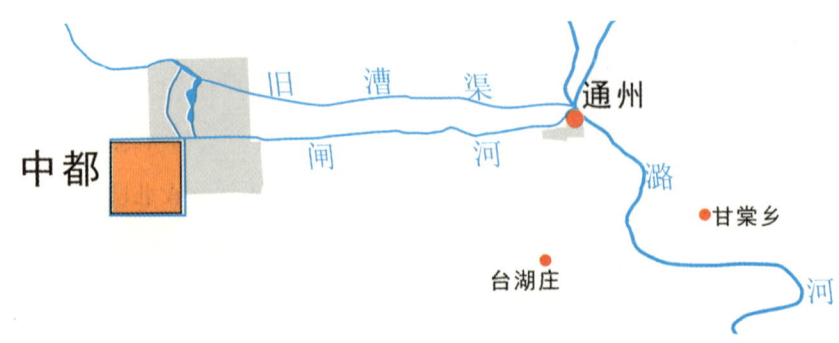

金代闸河示意图

根据《金史》记载，金代漕运河流有旧黄河、漳河、御河、衡水、滹沱河、拒马河、雄州沙河、山东北清河，河北、山东各地漕粮通过这些河流汇合于信安近海之地，然后沿着潞水（北运河）运至通州，再转运到金中都。金代的运河经过河北的哪些区域呢？我们可以看一下《金史》的记载。因为金代首次实行大规模漕运，制度还未完善，最初运河不归地方管辖，漕船运行无序，堤岸溃决、河道淤浅，均不能及时处理，使漕运大受影响。金章宗泰和六年（1206）的时候，金朝开始确立运河所经地方州县负有维护运道的职责，情况才有所改观。

《金史·河渠志》记载："（泰和）六年，尚书省以凡漕河所经之地，州县官以为无与于己，多致浅滞，使纲户以盘浅剥载为名，奸弊百出。于是遂定制，凡漕河所经之地，州府官衔内皆带'提控漕河事'，县官则带'管勾漕河事'，俾催检纲运，营护堤岸。为府三：大兴、大名、彰德。州十二：恩、景、沧、清、献、深、卫、浚、滑、磁、洺、通。县三十四：大名、元城、馆陶、夏津、武城、历亭、临清、吴桥、将陵、东光、南皮、清池、靖海、兴济、会川、交河、乐寿、武强、安阳、汤阴、临漳、成安、滏阳、内黄、黎阳、卫、苏门、获嘉、新乡、汲、潞、武清、香河、漷阴。"

金朝运河沿线州县官都带"提控漕河事"和"管勾漕河事"的职衔，"提控""管勾"就是今天的"管理"之意，按照规定，州府官和县官皆需负责督运漕粮，又要维护河岸堤防与疏浚河道。这部分文字的重点在于运河所经州县的记录，从地名来看，金朝的运河水系是以今天的南运河和北运河为主的。

1234年，蒙古灭金。中统元年（1260），忽必烈在今内蒙古闪电河畔的开平称帝，至元元年（1264）年定开平为上都，燕京（北京）为中都，后改称大都，实行两都制。至元十三年（1276）之前，元朝利用金朝漕运制度通过白河（今北运河）和御河（今南运河）向大都运送漕粮，粮食来源依旧是原金朝在河北、山东的产粮区。至元十三年，元朝平定江南，开始从江南运漕粮到大都。运送江南漕粮最初的路线是从浙西北运，跨越长江，进入淮河，再进入黄河，逆流而上，至今河南封丘境内的中滦旱站，然后用车载牛驮陆运至今浚县淇门村，入御河，顺流抵达直沽（今天津），再溯白河然后抵达京师。但是，这条线路的运量很有限，于是元朝开凿了山东会通河，使得漕船能够经山东抵达临清入御河，但因山东运河水源问题解决不好，运河漕运效果很不好。在探索河运的同时，元朝还实施了漕粮海运，并且取得了良好的效果，最终以海运漕粮为主，河运为辅。御河作为河运通道，主要以运送山东、河南漕粮为主，这两个地方的漕粮元代开始称北粮，延续至明清时期。

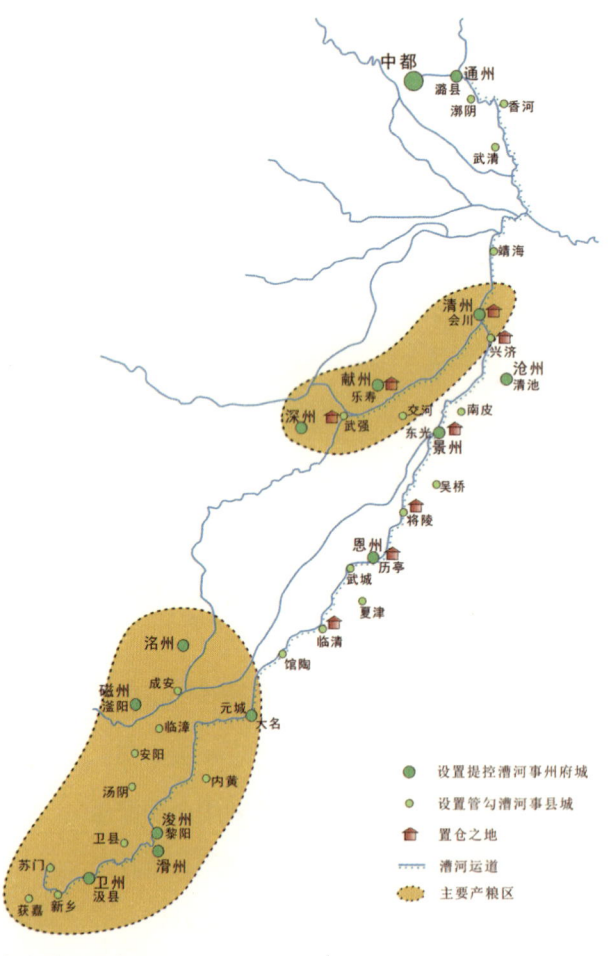

金代漕运示意图

上都是元朝皇帝夏季避暑办公的场所，每年也需要一定的粮食供应，但基本通过陆运。为了降低陆运成本，曾有利用滦河通漕的想法。至元二十八年（1291），有人建议从滦河海口辛桥地方开河，上接滦河，江南漕粮可经此河进入滦河，溯流挽运，可至上都。朝廷派遣郭守敬踏勘滦河，发现利用滦河漕运难以实现，于是该计划终止。其实，滦河在元朝曾实行漕运，据《宣宁志》载，"奉圣刘雄任滦潮二河运粮万户"，至元十七年（1280）正月"赐开滦河五卫军纱"，至元十九年（1282）五月"造船于滦州"，可知滦河下游地区是可以通航的，因此元代滦河漕运很可能是局部的。

> **闪电河**
>
> 闪电河是滦河的上源，古称濡水。闪电河得名与闪电无关，而是来自蒙古语"相德因高乐"，其中，"相德"是"上都"的发音，"因"是蒙古语中的"的"，"高乐"是"河流"，因元将上都建在河畔，故称"上都河"。"闪电河"的"闪电"来自"相德因"的谐音。

三、长城、皇陵与运河

明代为防备蒙古入侵，修建了东起辽东，西至嘉峪关的万里长城。长城沿线驻扎大量军队，需要大量的军需给养供应。明代中前期，朝廷分拨部分漕粮通过蓟运河运输至蓟州，供应蓟州至山海关沿线驻军。明中后期，朝廷又利用潮白河、温榆河向京北长城一线运送漕粮。《明史·食货志》记载："由天津达张家湾曰通济河，而总名曰漕河。其逾京师而东若蓟州，西北若昌平，皆尝有河通，转漕饷军。"

蓟州是护卫北京的边防重镇，是北京东部重要的仓储重地，负责供给京师以东长城沿线官军粮饷，蓟州、永平、山海关一带官军都在蓟州仓支取粮米。明代漕军分成十三总，其中遮洋总负责向蓟州输送军粮。明永乐年间（1403—1424），明朝在天津及蓟运河沿岸设立五大粮仓，今蓟运河沿线的上仓村、下仓村就是因其中的两个粮仓而得名的。遮洋总海运十三卫三百六十余艘漕船在大名府卫河畔兑粮，沿着御河北上，至天津入海河，出海后沿海北行再入北塘口，驶入蓟运河，经宁河、宝坻、玉田抵达蓟州。隆庆六年（1572），蓟辽总督刘应节、巡抚杨兆提议疏浚蓟州以上河道至遵化县平安城，然后用漕船将粮饷运至平安仓存储，供应马兰峪、太平路、松棚路、喜峰口路四路官军。今遵化有沙河一道，经平安城向西流至蓟县（现蓟州区）南入蓟运河，刘应节、杨兆所议疏浚之河，当为此河。由于永平府、山海关一带长城沿线官军要到蓟州支取粮饷，最远可达五六百里，近的也有三四百里，所以官军疲惫不堪。丰润县有一条还乡河，向西流经玉田县汇入蓟运河。中国的河流大多是自西往东流，而这条河却自东往西流，故名还乡河，又名丰润河。成化十九年（1483），提督永平粮草户部郎中官廉姓官员提议疏浚还乡河，通漕济运。朝廷于是发动夫役疏通还乡河，并在丰润县城建丰盈仓，以便永平、山海关等地官军支取。后来，由于河道维修不力，还乡河漕运停止。永平府、山海关一带官军再次从蓟州仓支取粮饷，十分不便。嘉靖四十五年（1566），巡按御史鲍承荫向朝廷上疏，奏请疏浚还乡河，运输军粮。朝廷批准了他的计划，下诏疏浚还乡河，鲍承荫勘察旧河运道，进行疏浚，为了解决水源不足的问题，鲍承荫在北济、张官屯、鸦鸿桥三个地方建造三座水闸，蓄水通漕。还乡河从鸦鸿桥以下不远的运河头村起，河身变得狭窄，曲折南流，有"三湾九曲"之称。1925年版的《北宁铁路沿线经济调查报告》描述当时蓟运河的通航情形，也反映了历史上的漕运状况：平常时节，船只自海口向北可达蓟县城，水大时可通至遵化之平安城；蓟运河支流还乡河，平时船只可行驶至玉田县窝洛沽，水大时可抵达鸦鸿桥；沿着沟河，船只可溯流抵达三河县（今三河市）和平谷县（今平谷区）。

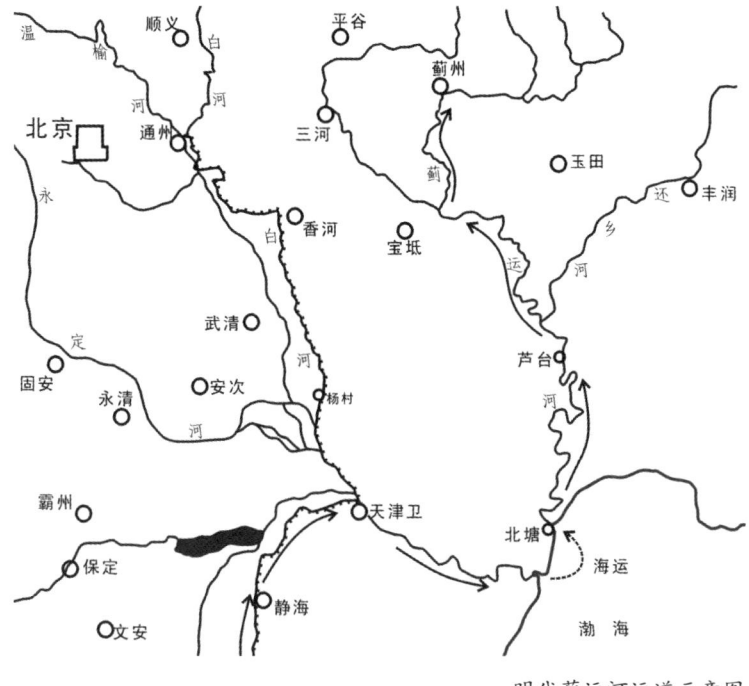

明代蓟运河运道示意图

明天启、崇祯年间，因辽东战事吃紧，沿边驻军规模扩大，兵马粮饷需求增加。于是明廷利用海运，从天津航海三百余里至乐亭县刘家墩海口入滦河，上行二十五里至银夯柳仓交卸漕粮，再改用河船行驶一百八十里至永平府（卢龙）西门外，存入永丰仓。每年春、夏、秋三季水运，冬季河水结冰，采用车马自银夯柳陆运至永丰仓。漕粮海运和滦河水运的实施，也促进了商业发展，南北货物流通使得永平府一带由荒瘠之区变得富饶。可惜好景不长，不到二十年，清军入关，海运遂废。

明中期以后，塞外蒙古崛起，对明朝形成威胁，曾多次突破长城袭扰京畿。自嘉靖二十九年（1550）蒙古俺答汗入塞侵犯北京之后，明廷加强了长城沿线的防卫，遂设蓟辽总督，嘉靖三十三年（1554）移驻密云。为保卫天寿山皇陵，昌平一带长城设立昌镇。最初，密云、昌平长城沿线官兵均前往北京仓或通州仓取粮，陆运至长城边仓，辛苦异常。嘉靖三十四年（1555），蓟辽总督杨博整治潮白河打算水运漕粮至密云，但未成功，嘉靖四十三年（1564）明廷再次疏浚潮白河，漕粮可通过小船运到密云，但不久，潮白河因淤浅通漕不便。隆庆六年（1572），明廷采用"遏潮壮白"工程，使潮河和白河在密云西南合流，潮白河水势增加，漕船可自通州直抵密云城下。同年，明廷疏通自昌平巩华城外安济桥至通州段的温榆河，水运漕粮至巩华城奠靖仓，长陵等护卫陵寝官军及长城沿线官军月粮在奠靖仓就近支取。

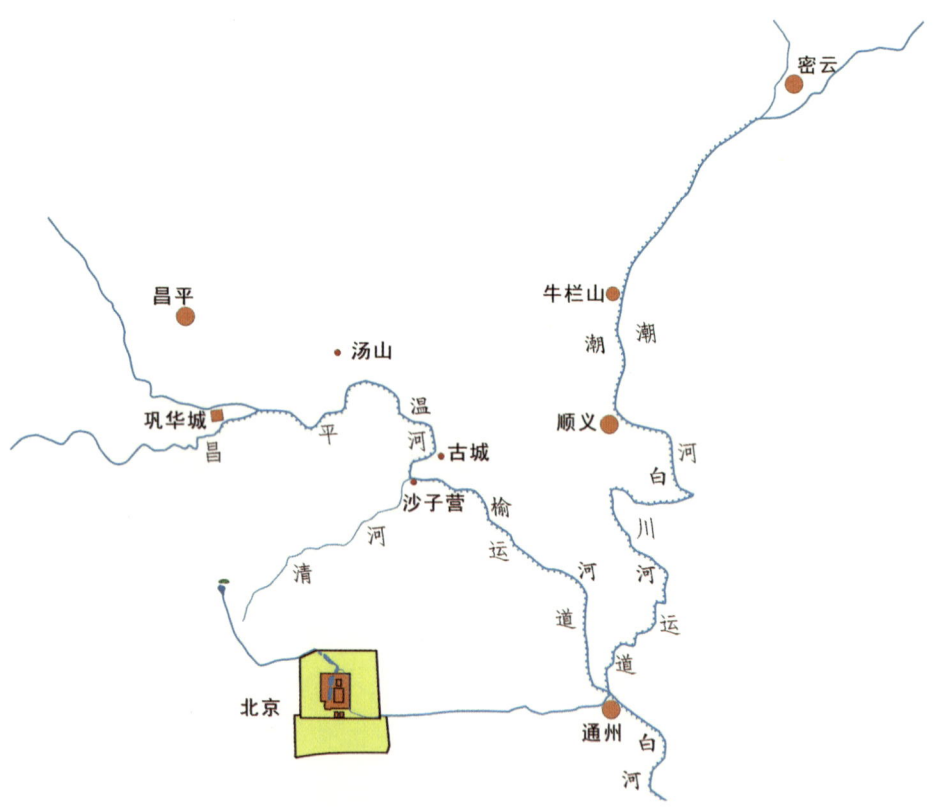

昌平河运道和潮河川运道示意图

到了清代，因清东陵、西陵以及很多八旗驻防营分布在今河北境内，河北很多河流曾被用来向护陵官兵以及驻防官兵运送粮饷而具有了运河漕运功能。

畿辅八旗驻防

清朝为了保卫北京的安全，在畿辅地区设立八旗驻防。顺治二年（1645），清政府在采育里设置八旗驻防，顺治五年至八年（1648—1651）在顺义、三河、东安、良乡设置八旗驻防，其中昌平八旗驻防设置具体时间不详，也当在这一时期。同时，清政府还在北京外围地区的沧州、德州、保定、太原等地设置八旗驻防。康熙十二年（1673），清政府又在北京附近的宝坻、固安、玉田、霸州、滦州、雄县设置八旗驻防。这些驻防点所在的城镇，距离北京很近，都具有非常重要的军事战略地位，负有保卫北京的军事职能。

清康熙年间在京东遵化建造东陵，雍正时在易州建造西陵。最初，清东陵官兵粮饷均在蓟州、丰润、遵化三州县采买，随着粮食需求增加，京东各州县粮米价格飞涨。为此，清廷开始利用蓟运河向东陵运送漕粮。康熙三十四年（1695）四月，蓟州知州张朝琮主持蓟运河挑浚工程，并重新开通了海口新河。蓟运河和海口新河挑浚工程完毕后，朝廷截留山东、河南两省漕船所运部分粮米自天津转运蓟州，命原船将漕粮运至新河口，然后自新河口拨红剥船一百五十只装载，经新河进入北塘口，再循蓟运河北上，直抵蓟州五里桥，转运蓟州仓。由于长城外农业发展，以及丰润县（今丰润区）等处自雍正年间营田种稻，本地及周边地区粮食供应能力提升，乾隆三十年（1765）清廷停止蓟运河漕运，向护陵官兵匠役等按俸米折放银两以便购买粮食。由于粮食需求量大，导致粮价不断上涨，嘉庆十三年（1808），又从通州陆运漕粮至东陵，按半数发放。清廷在易州建造西陵后，每年向护卫陵寝官兵和匠役运送粮饷。清廷规定在天津截留部分漕粮，经由大清河运至雄县亚谷桥，再雇用坚固民船转运，经白沟河运至白沟河镇，然后陆运到易州仓。

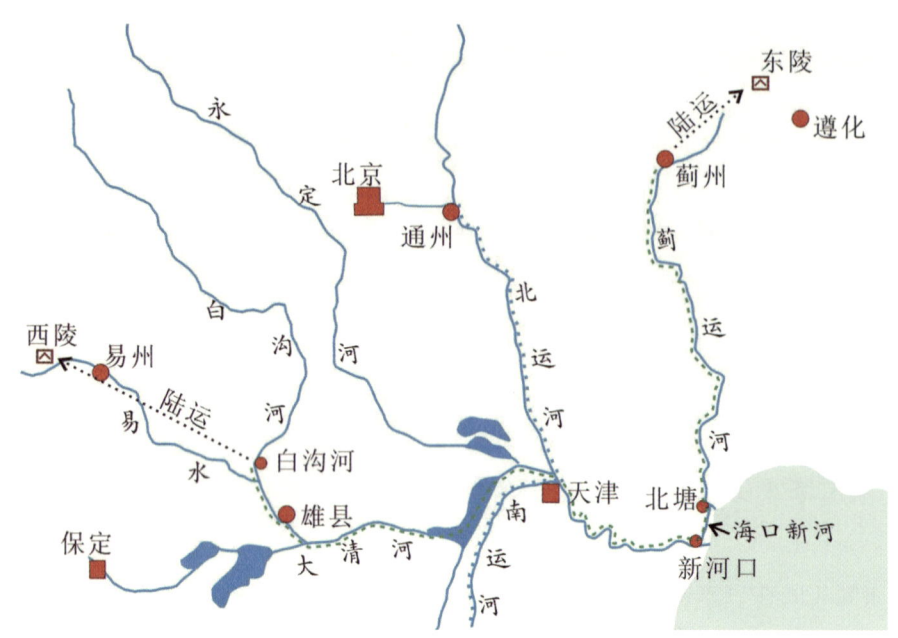

清东陵和清西陵漕粮运输路线示意图

　　清代为保卫京师,在畿辅地区派驻八旗官兵分驻各战略要地。今北京密云、良乡、昌平、顺义、大兴采育,今天津宝坻,今河北保定、沧州、雄县、霸州、东安、玉田、迁安冷口等地均设有八旗驻防营。畿辅地区部分驻防营的粮饷供应利用了水运,保定、雄县驻防官兵所需粮食自天津西沽转运,经由大清河运至目的地。沧州八旗驻防紧邻南运河,每年7 000石官兵粮饷则是截留江西漕米。三河八旗驻防官兵粮饷每年2 500余石,地方官按季节赴通州支取运到三河。固安、霸州、东安、玉田、迁安冷口等处驻防八旗粮米在天津或通州兑收,陆运至各自驻防营。宝坻八旗驻防官兵粮米于北运河畔距离本县近处兑收。良乡驻防官兵所用粮饷原本从通州陆运,道光六年(1826)改在天津兑收转运,经由大清河、琉璃河水运至琉璃河镇,再陆运至良乡。密云驻防官兵粮饷通过潮白河运输,天旱或水大不便行船时则陆运至密云。

四、张娘娘河——减河的故事

　　沧州有一条张娘娘河,该河从沧县兴济镇北西接南运河,东至渤海。

在沧州，张娘娘可是一个响当当的历史名人。要讲张娘娘河，我们需要先讲张娘娘的故事。

张娘娘是明代河间府兴济县人，生于成化三年（1467），她父亲叫张峦，有两个哥哥，大哥叫张鹤龄，二哥叫张延龄。张娘娘从小没娘，更要命的是，头上长满秃疮，家里人都嫌她脏，无人理她，也很少有人愿意和她玩。她经常在运河边自己一个人玩。春天来了，河堤上柳树变绿了，她就说："柳叶青，柳叶青，皇帝请我坐正宫。"秋天来了，柳树变黄了，她又说："柳叶黄，柳叶黄，皇帝请我当娘娘。"人们都说她疯了，叫她疯丫头。成化二十一年（1485），明宪宗要给皇太子朱祐樘选妃子。钦天监夜观天象，说太子之妃在北京东南河间府兴济县。于是，宪宗皇帝派两个太监来兴济县选秀女。临出发前，这两个太监请示太子："太子爷，选个什么样的妃子？"太子说："我昨晚做梦，有个头顶银盔，骑龙抱凤，手拿竹节枪的人和我拜天地，你们见到这样的人就选。"两个太监得旨，便坐上龙船一路往兴济县赶来。

听说太子派人来选秀女，整个兴济县都忙活起来了，好一番热闹。开选那一天，兴济县的年轻姑娘们都打扮得花枝招展，婀娜多姿，来到大街上准备应选，谁不想当娘娘呢！看热闹的老百姓从四面八方赶来，大街上人山人海。疯丫头挤不进去，于是急中生智，从地上捡了一个竹竿，手一撑，骑在墙上。一只大公鸡受到惊吓，飞上了墙，疯丫头一下子把大公鸡抱在怀里，傻笑着看热闹。正在这时，选秀女的两个太监带着一群宫女来到这里，见到墙上的疯丫头，一下子惊呆了：秃疮结白痂，这不是头顶银盔嘛！坐墙上抱公鸡，这不是骑龙抱凤嘛！手拿竹竿，这不是竹节枪嘛！太子爷所说果然不虚呀。两个太监急忙跪倒，冲着疯丫头说："娘娘千岁！奴才奉旨接驾进宫。"疯丫头吓坏了，一头

张娘娘像

从墙上栽下来,脑袋上的秃疮也摔掉了。宫女们急忙拥上去,搀入龙船,一阵梳洗打扮。沐浴更衣之后,疯丫头整个换了一个人,发如青丝,面似桃花,柳眉杏眼,肤如凝脂,真是风情万种,婀娜多姿。疯丫头进了北京,深得皇太子喜欢。几年后,宪宗皇帝驾崩,太子朱祐樘登基,这就是弘治皇帝,庙号孝宗。弘治皇帝将疯丫头封为皇后,从此疯丫头成了张娘娘。

不过,上面的传说是民间加工的,并不是真实历史。弘治元年(1488),朝鲜人崔溥曾经记载过张娘娘被选为妃的情况。崔溥是一个朝鲜官员,因海难漂流到中国。在从运河北上返回朝鲜时,经过兴济县,他在其著作《漂海录》中记载,张娘娘家在兴济县乾宁驿站前,是"巨家","新皇后张氏之私第也"。又记载张娘娘被选为皇后的事:"新皇帝为皇太子时,钦天监奏:后星照河之东南。先帝命选河东南良家女子三百余人,皆聚京师,先帝与皇太后更选,张氏中选,封为正后。"

《荷使初访中国记研究》中的清顺治年间的兴济镇

接下来说一说张娘娘河的民间传说。弘治皇帝对张娘娘十分宠爱,居然到了终生厮守的地步,连个妃子都没有。张娘娘的父兄也受到优待,被封为公侯。弘治十八年(1505),孝宗驾崩。太子朱厚照即位,年号正德,即明武宗。张娘娘成了皇太后,权势更大了。张娘娘的两个哥哥张鹤龄、张延龄依仗国舅的地位到处横行，无法无天，竟然动用国库里的银两修建家庙。正德十六年（1521），武宗皇帝宾天，因无子嗣，兴献王之子朱厚熜继位，即世宗，年号为嘉靖。皇帝一换，两位国舅不敢随便动用国库了。但两兄弟贪得无厌，打算私贩食盐牟利，于是他们俩打着张娘娘的旗号，在兴济私挖盐河，从兴济北边的冯官屯开始，向东一直到海边，长一百多里地，人们便把这条河叫作张娘娘河。由于这条河线路选址有误，挖了三年都没挖成，累死民夫无数。有大臣上疏嘉靖皇帝，揭露张氏兄弟的不法行为。嘉靖皇帝大怒，竟敢私挖盐河，下旨满门抄斩。张氏族人见大祸来临，当晚决定全家逃跑，并约定从东门跑出去的以后姓"东"，从南门跑出去的以后姓"南"，从西门跑出去的以后姓"西"，从北门跑出去的以后姓"北"，从此有了"东、南、西、北"四个姓，民间也有了"东南西北本姓张"的说法。

南运河因河道弯曲，汛期洪水宣泄困难，为此当时在南运河上开挖了好几条减河，张娘娘河就是其中一条。减河又称减水河，顾名思义就是消减运河水量的分洪河道。夏季雨水大的时候，运河会发洪水，河道容纳不下，容易溃堤决口，危害两岸人民。因此，为了防止洪水发生，在河道一定地段，开挖减河，消减河道洪峰水量，能够有效防止水灾。兴济减河始于弘治年间，可能是张娘娘为家乡人民安危着想而开挖的，民间感念其恩情，故将这条河称作张娘娘河。

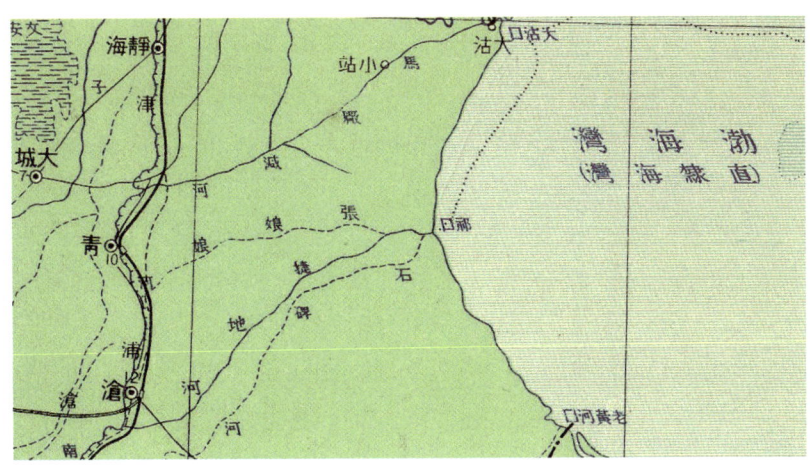

近代地图上的张娘娘河示意图

张娘娘河在沧州被称作北减河,因在兴济,也称兴济减河。沧州南有捷地减河,又称南减河。捷地,即今天的沧州市沧县捷地乡。据史料记载,此地因洪水泛滥频繁,故曾取名为"绝堤",也称"绝地"。明弘治三年(1490),在此处开挖减河,经沧州青县、黄骅,从岐口入渤海,长约54公里,是南运河主要分洪河道之一。减河不仅约束了桀骜不驯的洪水,保护了漕运,还调节了周边的生态环境,使两岸的盐碱地得以改善,"绝堤"遂更名为"捷地"。清乾隆三十六年(1771),乾隆皇帝巡幸泰山,沿途巡查河务,途径捷地,停舟上岸,与大臣仔细研究地形,决定将原有的捷地闸改为减水坝,并御书"捷地兴济坝工纪事诗碑"。南北减河的开挖,使得沧州再无大的水患。

> **减河**
>
> 减河是利用天然河道或通过人工疏挖新河道,分泄正河洪水以杀其势,是防洪水利工程。南运河因为河道弯曲,河水下泄相对困难,因此建有好几条减河,分别有哨马营减河、四女寺减河、捷地减河、兴济减河、马厂减河。其中兴济减河又叫张娘娘河,因位于沧州北,也称北减河;捷地减河位于沧州以南,也称南减河。

第十章

"镖不喊沧"的武术之乡

俗话说：一方水土养一方人。河北大运河畔的沧州是全国有名的"武术之乡"，沧州人对于武术的钟爱与热情是如何在这片土地上升腾起来的呢？与流经这里的贯通五湖四海的水上通道大运河又有着怎样息息相关的联系呢？当大运河在沧州遇到尚武之风后又会引发什么样的传奇故事呢？

一、尚武之风与大运河结缘

在河北平原上，唯有沧州地区的自然条件最为恶劣，渤海沿岸方圆数百里到处是盐碱荒滩，芦荡密布，天高地远，荒无人烟。这里不是百姓生存的乐土，却是盗寇剪径落草之地，恶劣的生存环境使得古代王朝往往把这里作为流放罪犯的首选之地。《水浒传》中东京汴梁八十万禁军教头林冲，一向忠厚老实，但遭到高衙内等小人构陷而被发配沧州，后来就有了"风雪山神庙"的故事，直至最后被"逼上梁山"。沧州人自古以来就拥有重义轻利、任侠尚勇的燕赵遗风。乾隆《沧州志》载："沧邑俗劲武尚气力，轻生死，自古以气节著闻。承平之世，家给人足，趾高气扬，泱泱乎表海之雄风。一旦有事，披肝胆，出死力，以捍卫乡间，虽捐弃顶踵而不恤。"

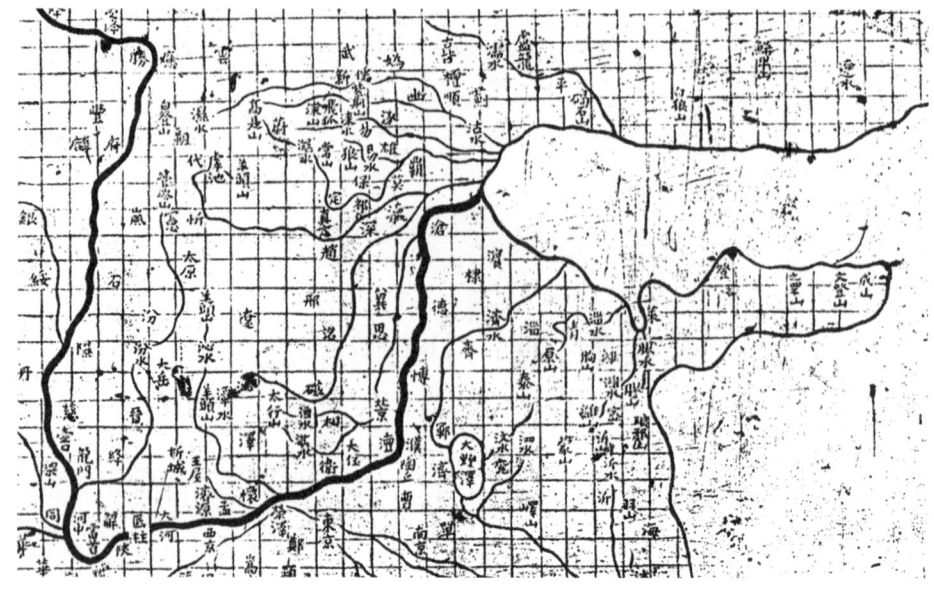

《禹迹图》中位于九河下梢的沧州

在当代人的观念中,大海是浪漫美好的代称,是人人向往的地方。但在古代大海却被认为是藏污纳垢之区,也是尚未开化的蛮荒之地。这是由于古今沿海地区开发程度不同而产生了大相径庭的观念和印象。古代的沿海区域并不是文明的象征,而是粗鄙的指代,海滨盐碱地哺育的沧州人,脾气秉性自骨子里就遗传了盐碱的通透和有棱有角,说话办事直截了当,简单粗暴,用今天的话讲是"豪爽",沧州人不喜欢"嚼舌头",更喜欢用"拳头"说话。当然,促成沧州尚武风俗的形成,也与沧州地跨南北的通道功能相关,频繁的战争和无尽的灾难,导致这里社会动荡不断,习武自卫成了保障自身安全和家庭财产的重要手段。沧州回族戴氏先祖羲臣公手稿《沧桑记略》记载:"兄长兆年十五即习武艺,臂力倍人,拳捷超众,尤善刀法,百夫不能敌。因居长,早督家政,且外则与四乡日练社防之事。朝夕惟支门户,保全宗族。"在内外环境的综合作用下,"尚武"成了沧州人生活习俗中的必然选择。

不过,中国古代土地贫瘠的地方很多,很多地方也都有尚勇斗狠的民风,也不单独是沧州一地如此,可是为什么只有沧州这个地方发展为全国闻名的"武术之乡"呢?这是因为,全国其他土地贫瘠的地方没有运河经过,京杭大运河流经之处只有沧州一带的经济发展最不理想。在土地产出有限的地方,人们不得不依靠出卖自身技能来谋生,运河的商品流通作用与沧州自古以来"尚武"的民风相结合,使得沧州人能够在职业选择上充分发挥自身优势。

二、运河上的"镖不喊沧"

大运河贯穿沧州地区,流经青县、沧州、东光、南皮、吴桥,形成了泊头、沧州、兴济等水陆码头,来自江南各省以及河北、山东、北京、天津等地的商品汇聚于运河沿线重要码头,财富聚集于运河沿线,这给沧州习武之人提供了一个职业出路。财富流通需要安全保障,沧州利用本地人多习武的优势,开办镖行,专门替有钱人押送重要钱财,保证财富的安全。由于沧州镖行兴盛,人才济济,沧州镖师可谓名声在外。而沧州之所以盛产镖师,显然离不开这里的尚武氛围。沧州地区习武之人众多,自然造成地方武林门派林立,内部竞争激烈,就是在这样高度内卷的环境中,沧州本地诞生了一批武功超群之人。万籁声的《武术汇宗》就记载说:"实则沧州一带,最出镖师,高人尽多也。"

镖局萌芽于明代,兴盛于清代,民国时期衰落。镖局作为一种行业组织,自然拥有一套行业规则。镖局承接货主委托运送的货物,雇用武术高手作为本局镖师,押送货物至目的地。在运送过程中,镖船或镖车上竖一小旗,上书镖局名称,通知镖行同道,自己的镖船或镖车借道经过,有请予以关照之意。在清中期至民国期间,镖行在经过沧州地界时,却有一种不能喊镖的行业惯例,民间称作"镖不喊沧"。

《荷使初访中国记研究》中的顺治年间的沧州城

"镖不喊沧"讲的是清代中后期,南来北往穿行运河上的镖船或陆地上的镖车,在经过沧州的时候,都要扯下镖旗,不能喊镖号,静悄悄地通过。民国《沧县志·文献志·人物》一节记载了"镖不喊沧"行规形成的原因。据记载,沧州城内居住着一位叫李冠铭的回族人。李冠铭武功高强,力大无比,性不服输。曾经有镖客喊镖号经过他家门口,冠铭生气地说:"按照惯例,镖客到了一地,应当先递交名帖,通报拜见这里的武林人士,然后喊镖,否则就是大不敬的行为。"于是,李冠铭骑上马,追赶镖客。在镖客快走到一个石坊之前时,李冠铭抢先超过镖客,用手抓住石坊横梁,双腿夹马升起,马跳腿嘶叫,却丝毫不能动弹。镖客吓坏了,知道沧州武林高手有意为难,赶紧请罪哀求原谅。李冠铭大笑,原谅了这个镖客,骑马离开。"嗣后,凡镖客过沧境,相诫不喊镖,久沿成例,至今尚然"。可见,"镖不喊沧"成为镖行的惯例始于李冠铭。《国术名人录》记载说:"镖师压镖过沧州,向例不喊镖,以示同道尊敬之意。"分析其缘由,大概是沧州武林高手云集,过路的各种镖局为表示对沧州武林的尊重,在走镖过沧州时不再亮镖。不然,在沧州地界镖船、镖车逞能装大,狂妄喊镖,自然会被沧州武术界视为一种挑战,不管你有多高的武功、多大的本事,在沧州一定会有高手前去挑战,重挫你的威风,让你在武林同道中颜面尽失,在行业内再也无法抬头。评书大师连阔如在其著作《江湖丛谈》中写道:"镖局走镖的时候,都得喊镖号,唯独到直隶沧州不敢喊镖趟子。若是不喊就许安然过去,如若不然,任你有多大的能为,亦得出点差错。"

沧州既有运河,也有南北官道,水路镖船和旱路镖车均从此经过。前面讲的"镖不喊沧"主要针对旱路而言,其实在沧州还有一个"镖不喊沧"的水路版本。民国《沧县志》记载:"李昆,即小说清列传所谓'神弹子李五'者也,白家口人,著名乾隆时。今其后裔犹时道其当年遗事,相传镖船桅杆例系白布一条,是其朦朦之纪念云。"李昆是沧州白家口村人,在家排行第五,故小名叫李五。他练得一手好弹弓,百发百中,因此得名"神弹子李五"。据说,有一天,沧州运河上来了一艘镖船,镖师站在船头大喊镖号。李五恰好就在运河边,见其狂妄,便掏出弹弓,把挂镖旗的旗杆给打断了。接着李五跳上镖船,一脚把镖师踢进河里,厉声问道:"知道这里是哪儿吗?"镖师垂头丧气地说:"知道,是沧州,下次再也不在这里喊镖了。"京剧中有一出戏《恶虎村》,其中就有"神弹子李堃",其人物原型就是沧州李昆。

京剧《恶虎村》中的李堃人物形象

金恩忠《国术名人录》中还曾经记载了一个"愣头青"镖师在沧州喊镖而被本地武林高手教训的故事。某一天，这个镖师押送镖车过境沧州，过街时大喊镖号，从北门进城，直到出南门，也没有人过问，这个镖师以为自己的镖号对沧州产生了震慑作用，认为沧州徒有虚名，不禁洋洋自得起来。当时有人把这件事告诉了沧州武术大师李凤岗，李凤岗是李冠铭的侄子，大刀王五的师傅，武艺精湛，名震大江南北。李凤岗听了之后很不高兴，决定教训一下这个不知天高地厚的镖师，于是，他绕道抢在镖车之前抵达沧州城南八里运河拐弯处地名红孩口的地方。李凤岗光着脚，身穿粗布衣裤，拿着粪筐装作拾粪乡民，在镖车前面用粪叉迎头铲粪。镖车前行，李凤岗装作不知道。镖师在车上大声骂道："老乡，想找死吗，赶快滚开！"李凤岗仍然装作没有听到，继续铲粪。镖师更加愤怒，下了车走向李凤岗，骂道："你小子聋了吗？还是想找碴儿作对？"镖师走近后，想抓起李凤岗，打算把他扔到河堤上。他刚一伸手，却一下被李凤岗抓住右手腕，使用卷拿法把这个镖师扔出几丈之外。镖师惊得目瞪口呆，右手腕负伤。镖师是个身强体壮之人，虎背熊腰，从体格上看远胜李十倍，旁人都以为李凤岗有危险。在镖师看来，李凤岗瘦小枯干，似乎是个手无缚鸡之力的人，于是产生轻敌思想，但却因此导致失败。李凤岗把镖师扔出去之后，肩扛粪筐，驱赶镖车返回沧州城。这个故事足以说明在武术高手林立的沧州，保持低调有多重要。韩红雨等学者认为，沧州出镖师，镖师们吃的是玩儿命的饭，穿的是玩儿命的衣，更是一群玩儿命的主儿。他们将护送的财物看得比命还重，因为一旦被劫，不仅有失信用，要超出原价赔偿，而且镖旗一倒，自此无法再立足江湖，故为使镖旗不倒，确保特定地缘与群体的垄断利益，他们必须是练家子，有真功夫。"镖不喊沧"的地域行规本身就是特定地缘利益的表达。

三、名震天下的沧州武林人物

在中国近代史上，有一位名震天下的武林大侠——"大刀王五"，可谓无人不知，无人不晓。人们醉心于讲述王五行侠仗义的故事，却少有人知道他是沧州人。大刀王五的本名叫王正谊,字子斌,排行第五,人称"小五子"。王正谊出身贫寒,父亲早亡,他与母亲相依为命。王正谊立志习武,当时沧州最有名的武术大师是李凤岗。王正谊便决定拜入李凤岗门下,但李凤岗是回族人,他以王正谊不信回教为由将他拒之门外。王正谊为学艺决定加入回教,但是他的母亲却不允许。王正谊于是屡次屈膝长跪,请求母亲同意,坚持了十多年,母亲才答应了他的请求。在李凤岗的精心教导下,王正谊刻苦练习,终于掌握了师傅教授的全部功夫。武艺学成以后,李凤岗把王正谊推荐给自己的师兄刘仕龙,加入镖行,行走于江湖。后来,王正谊来到北京谋生,在一家镖局当保镖。光绪三年(1877),王正谊在北京开办源顺镖局,招徕江湖行侠仗义之士,包揽押镖业务,活动范围北自山海关、南至淮安。王正谊虽然功夫高强,但从不与人私下打斗,也不愿与别人较量武技,他行侠仗义,处事公平,德义高尚,很快就在江湖上博得了名声,并有了"大刀王五"之称。

源顺镖局的"德容感化""义重解骖"匾额
(资料来源:沧州武术志编纂委员会编,《沧州武术志》,河北人民出版社,1991年)

大刀王五武德高尚，常怀报效国家之志。1894年，清朝在甲午战争之中失败。福建道监察御史安维峻连续上疏六十三道，痛斥以慈禧太后和李鸿章等人为首的主和派的主张，要求严惩误国者，他写的奏章《请诛李鸿章疏》震惊朝野。不幸的是，安维峻却因言获罪，被清廷革职，发配戍边。王五十分钦佩安维峻为国家舍命书谏之举，激于义愤，决定亲自护送安维峻至发配地，并赠送车马之资，此事在武林被传为佳话。大刀王五与"戊戌六君子"中的谭嗣同为莫逆之交。谭嗣同在北京闻听王五的名声，钦佩其为人侠肝义胆，在友人的介绍下认识了王五，二人遂结为至交。在交往期间，谭嗣同曾向王五学习剑法，把王五当成兄长看待。王五也十分钦佩谭嗣同的维新变法思想，常常考虑如何帮助谭嗣同实现其壮举，还曾打算在口外地区购买土地送给谭嗣同来支持他的事业，但谭嗣同没有接受。光绪二十四年（1898），光绪皇帝在康有为、谭嗣同等人支持下实行变法，因这一年是农历戊戌年，故历史上称之为"戊戌变法"。不幸的是，不久保守派慈禧太后发动政变，囚禁光绪帝，并开始大肆捕杀维新党人，谭嗣同等六君子被捕入狱。为了营救谭嗣同，王五数次谋划劫狱，但没有成功。谭嗣同曾在狱中的墙壁上写道："我自横刀向天笑，去留肝胆两昆仑。"有一种说法认为"两昆仑"是指康有为和大刀王五。谭嗣同死后，大刀王五决定组织暗杀行动，为谭嗣同报仇，但终未成功。说起谭嗣同，或许少有人知道，他是湖广总督谭继洵之子，十足的"官二代"，按说他完全可以过上锦衣玉食的人上人的生活，但是，他却走上了为国家繁荣富强而谋求变法维新的道路，不惜放弃荣华富贵而甘愿赴死，这种舍生取义的精神真是令人由衷钦佩。谭嗣同虽为文人，但其为国捐躯的侠义精神正是被武林人士所看重的道义选择，因此大刀王五终生以谭嗣同为楷模，谋求做利国利民之事。1900年，八国联军攻入北京，慈禧太后和光绪皇帝西逃，京城陷入混乱。王五召集手下人，对大家说："我们武林中人所看重的，就是侠义勇武，如今国君陷入危险而不扶助，国家陷于困境而不拯救，怎么做人呢？谭嗣同是巡抚的儿子，他至少能够接班做个太守，以他的才干，若按世俗之路，不愁不富贵，然而却倾尽所有，每日辛劳为他人，终为国家献出生命。我很久就以身许国了，戊戌年没有死，是命啊。今日国家再次陷于危难，我不能不回报谭嗣同的知心情谊啊。"王五怒目圆睁，切齿有声。手下人都被王五所感动，涕泪皆下，共约赴死，拯救国难。不幸的是，由于行动计划被泄露，清军和八国联军包围了镖局，王五没有防备，奋勇击杀数十人后牺牲。上述内容来自民国《沧县志》上的记载，而关于大刀王五之死还有其他的几种说法。不管王五的结局是怎样的，他总是为国为民而死的，他的侠义之风，他的高尚武德，永远在江湖之上流传，江湖也永远铭记着这位来自沧州的一代宗师。

霍元甲
（资料来源：赵沧来、卢瑞芳主编，《沧州春秋 沧州历史名人》，中国国际广播出版社，2005年）

霍元甲

霍元甲（1868—1910年），字俊卿，祖籍沧州东光县，出生地为今天津西青区小南河村，是近代著名武术家。霍元甲出身镖师家庭，幼年体弱，刻苦学习"秘宗拳"绝技，武功超群。1910年，霍元甲创办"精武体操会"，为弘扬中华武术做出了巨大贡献。霍元甲是爱国武术家，提出"以武保国强种"的倡议，孙中山对此给予高度评价，亲自为其题写"尚武精神"匾额。2011年，霍元甲被评为沧州十大武术名人。

在武林当中，有一个沧州人因武功高强，拳法迅疾如风而被称为"郭燕子"，这个人就是郭长生。郭长生1896年出生于沧州城内马道街一户人家，幼年丧父，与母相依为命，生活清贫。郭长生年少时受到孙中山先生"武术强种救国"思想的影响，18岁时应召入伍曹锟卫队武术营，拜武术大师刘玉春为师，学习通臂拳和苗刀。郭长生性格忠厚，勤学苦练，深受刘玉春的喜爱，便把自己的全身武艺毫无保留地传授给了郭长生。由于郭长生武艺精湛，被选做曹锟贴身护卫。1923年曹锟当上大总统，郭长生随之进驻北京中南海，从此他成了曹锟的亲随人员。曹锟失败下台后，郭长生投身鹿钟麟门下，充当随从副官。郭长生忧国忧民，看到军阀混战导致民不聊生，于是愤然弃官回乡。1928年，中央国术馆在南京成立，郭长生考入南京国术馆第一期教授班，结业后，任中央国术馆苗刀教授兼外交部太极拳教习。在南京举行的第一届全国国术国考当中，郭长生一路过关斩将，以不败纪录获最优胜。

1937年，日本发动全面侵华战争，沧州沦陷。郭长生坚守民族气节，闭门八年，坚决拒绝为驻沧的日本人做事。在长城抗战时，西北军大刀队令日寇闻风丧胆，而大刀队当时杀敌所用的"破锋八刀"之法，来自沧州籍武术家马凤图和马英图兄弟。马英图当年曾在南京中央国术馆向郭长生学习苗刀刀法，在此基础上编排出"破锋八刀"技术，在战场上发挥了中华武术之神威。郭长生一生授徒无数，其中武艺精湛者就有曹砚海、高玉清、郭建伟等。郭长生次子郭瑞祥深得父亲真传，苗刀技艺精湛，是中国当代十大武术名师之一。郭瑞祥生前一边练武授徒，一边在杂志上发表学术文章，出版了《苗刀》《苗刀技法》等武术专著，为弘扬中华武术做出了突出贡献。

清末民初，沧州的很多习武之人被达官显贵或军队所雇用，名震一时。沧州阎家庄人刘俊峰，字寿山，清光绪年间担任福建提督洪谋之亲兵管带。沧州人杨春霖，字兰圃，从小得到叔祖杨峻谱传授少林衣钵螳螂拳，堪称熟手，青萍剑法六路、枪法三十六路、刀法五十三路，无不精绝。光绪二十年（1894），漕运总督松椿聘杨春霖为教习。民国二年（1913），杨春霖被时任大总统的袁世凯考授为护卫教习。民国十五年（1926），陆军

郭长生　　　　　　　　　　　马凤图
（资料来源：沧州武术志编纂委员会编，《沧州武术志》，河北人民出版社，1991年）

第七师师长冯绍敏聘杨春霖为全师的武术教习。沧州人邵长治，幼年习武，为提高技艺，遍走河北和奉天，拜访名师。后来邵长治遇到铁和尚醒珠，经醒珠指示十二经穴，武术技艺大为提高。邵长治在奉天勇胜镖局保行旅十余年，没有一次失误。有一天，邵长治同旅客携带重款往宽城子，道经金家屯，突遇马匪十余名，打算抢劫。邵长治抽出宝刀，砍伤四人，余下马匪急忙逃窜，连刀棍等武器都不要了。经此一战，邵长治名声大振。1900年以后，邵长治辞归故里，教授门徒。民国时期，政府重新提倡武术，邵长治于是被天津保安队聘为武术教习，1929年被天津第三国术社聘为社长，教授武艺。沧州人杨清瑞，字祥斋，擅长螳螂拳，民国《沧县志》称杨清瑞"于螳螂拳一门尤为精绝"，民国时曾担任济南陆军第二师技术队队长。沧州人陈玉山，幼年向祖父学习武术，拳艺精绝，军阀曹锟在担任四川、广西、湖南、江西四省经略使时，提倡武术，聘请陈玉山作为军队的教习官，随营教练，曾获得过奖章。沧州武术人才济济，在近代中国军界有过巨大影响，享有名声，民国《沧县志》记载："吾沧技击之风，宿著于大河之北,而白山黑水之间,尤为吾沧镖客肩摩之地,是亦沧人之特色也。"

> **曹锟**
>
> 曹锟(1862—1938年),字仲珊,天津塘沽人。曹锟少年从军,后入天津武备学堂,毕业进入毅军。后投身袁世凯,曾任北洋军第三师师长。袁世凯死后,曹锟任直隶督军兼省长,1919年,被推选为直系首领,在直皖战争中击败皖系军,迫使段祺瑞下野。1922年,曹锟击败张作霖,迎回黎元洪任大总统,一时控制北方政局。次年曹锟逼黎元洪下台,通过贿选当上中华民国第五任大总统。1924年,曹锟被冯玉祥囚禁,被迫下野。1938年,曹锟病逝于天津,享年76岁。

四、大运河畔"武术之乡"

武术属于体育搏击技艺,往小了说是强身健体,往大了说是保家卫国的利器。正是由于武术在军事格斗当中的积极作用,中国历史上历代王朝均十分重视武术。早在唐朝便诞生了武举制度,对于国家选拔军事方面的人才发挥了积极作用,同时也给民间提供了一条可以入仕的道路。宋、明两朝重文抑武,武举制度式微。清朝统治者认为明武备松弛是导致亡国的因素之一,因此十分重视武举制度,强化对武术人才的激励和选拔。沧州距离北京较近,加上自古尚武风气浓厚,民间对于考取武举功名可谓情有独钟。明清时期,沧州共出武状元、武进士、武举人1 937人。民国年间,曾有52位沧州拳师在原南京中央国术馆任教。官府的鼓励和民间的热忱无疑促进了沧州习武风俗的进一步发展。当时沧州几乎全民习武,村村都有练拳之人,民间传播着八极、劈挂、燕青、六合、螳螂等50多个拳种,占全国129个武术拳种的40%,称得上是中华武术精华之渊薮。沧州武术的代表性拳种有八大门派:劈挂、燕青、六合、八极、八卦、功力、查滑、太祖。另外,疯魔棍、苗刀、戳脚、阴手枪等拳械为沧州所独有。因为沧州武师武艺高强,在全国同业中稳居前列,所以赢得了"武术之乡"的名声。1989年10月,沧州举办了第一届"沧州武术节",此后每四年举行一次,已经连续举办多年,武术节成了沧州的一张文化名片。1992年12月,沧州市作为首批也是唯一一个地级市被国家体委命名为全国"武术之乡"。

沧县舞狮

沧县舞狮早在明代就已出现,称为"狮戏",分为文狮和武狮,文狮以兴济为代表,武狮以黄递铺乡北张村为代表,多活动于庙会或节日花会之中。沧县舞狮队伍通常有两三只大狮子,一两只小狮子,大狮子由两人扮演,小狮子由一人扮演。过去,舞狮道具的狮头重达七八十斤,狮皮重达二三十斤,因此对舞狮人提出的要求很高,一般会武功者才能表演,否则难以承受。沧县刘吉村目前还有舞狮表演队伍,2019年,沧州刘吉舞狮表演被列入国家级非物质文化遗产保护项目。

第十一章

利泽华北的长芦盐

　　盐是居家开门七件事之一，没有盐，日常生活就缺少了"滋味"。中国人常说"靠山吃山，靠海吃海"，虽然渤海之滨尽是盐碱荒滩，但是大海也给京津冀地区送来了另一个礼物——海盐。滨海地区的先人们依靠煮海制盐，创造了享誉国内的著名食盐品牌——长芦盐。流经京津冀地区的南北运河上曾行驶着满载海盐的船只，将海滨所产食盐这一重要民生物资运到华北地区的千家万户当中，可谓利济苍生。今天京津冀三地的人，依旧吃着长芦盐，奠定了京津冀三地人民亲如一家的物质基础。京津冀一体化发展，可谓有"盐"在先。

> **长芦**
>
> 　　历史地名。北周大象二年（580）在今沧州设长芦县，属章武郡，其治所在沧州市西四里。唐《元和郡县图志》记载："《水经》云，长芦，水名也。水傍多芦苇，因以为名。"北宋熙宁四年（1071）废长芦县为镇，并入清池县。明洪武元年(1368)，废清池县，入沧州。

一、长芦盐好

　　在天津和河北的渤海湾沿海地区，分布着我国重要的产盐区——长芦盐场。长芦盐场有着悠久的产盐历史，历代相沿，这里产出的盐被称作"长芦盐"。目前，长芦盐场是我国三大盐场之一，也是海盐产量最大的盐场，占全国海盐总产量的四分之一。长芦盐场主要生产食用盐、工业盐。其中河北沧州是全国最大的工业盐产区。

我国以海水生产食盐的历史很悠久，传说炎帝时期，夙沙氏就曾煮海为盐。春秋战国时期，齐国宰相管仲为早日实现富国强兵，推行"官山海"政策，将食盐生产、销售环节统一管理，盐税成为国家最重要的财政收入，齐国因之富强，成为春秋第一个霸主。盐是维持人体生长和发育不可缺少的必需品，只要有人就有消费食盐的需求。可是在远古时期，食盐产地稀少，加之生产技术有限，食盐生产远远满足不了社会需求。因此，古代盐的价格非常高，利润非常大，据《管子》记载，当时齐国食盐基本上与黄金等值。同样，在古代的西方，食盐的价值也是非常高的，以至于英语文化当中今天还能看到其影响。据说，古罗马士兵的军饷有一部分就是盐，今天的英语中，薪酬写成 salary，其词根就来自盐（salt）。英语中有一个短语 eat salt with somebody，其含义不是和某人一起吃盐，而是受到了某人的盛情款待，可见在古代盐有多珍贵。

沧州原盐生产
（资料来源：沧州市志编纂委员会编，《沧州市志》，方志出版社，2006年）

西周时期，渤海之滨就是重要的海盐产区。秦统一六国后，将山海之利向民间开放，沿海煮盐业迅速发展。西汉时今天的渤海沿线分别隶属渤海郡、渔阳郡、北平郡和辽西郡，均为幽州刺史部辖区，司马迁在《史记》

中说幽州"有鱼盐枣栗之饶",就是说这一带沿海有产盐之利。西汉开始在全国设盐官管理盐政,渤海郡章武县(今沧州一带)、渔阳郡的泉州(今天津一带)均设有盐官。东汉时期,朝廷放松了民间煮盐限制,允许百姓设灶煮盐,促进了渤海盐业发展。东魏时,朝廷于沧、瀛、幽、青四州置灶2 666个,其中属于沧州盐区的沧、瀛洲置2 336个,约占总数的80%以上。北周大象二年在沧州设长芦县,长芦得名之初就与食盐密不可分。由于沧州盐业兴盛,隋初改高城县为盐山县,唐初在此置东盐州。《隋书·食货志》记载:"傍海置盐官以煮盐,每岁收钱,军国之资得以周赡。"宋以后,沧州成为全国六大海盐产区之一。北宋熙宁四年长芦县被降为长芦镇。

大沽盐场的抽取盐水的风车(1912—1914年)

元明时期,沧州盐业的发展达到高峰期。元朝在河北盐区设场22个,其中11个在沧州。明洪武二年(1369)设河间长芦都转运盐使司,以盐运司驻地在长芦镇而得名,自此"长芦盐"称谓走上历史舞台。长芦盐区管辖北自山海关、南至山东交界的渤海沿岸产盐区,共有24场。永乐十三年(1415),长芦盐运使司下设青州分司和沧州分司,青州分司辖北部

12场，沧州分司辖南部12场。隆庆年间长芦盐场合并为20场，沧州分司管辖9盐场，青州分司管辖11场，自严镇场沿海滨至山海关，范围不可谓不广。万历四十年（1612），青州分司移驻天津。清初，长芦盐课察院公署设在京师宣武门外。康熙七年（1668），御史孟戈尔代以天津为盐务总汇之地，巡盐御史远驻京师，鞭长莫及，上书奏请盐院改驻天津。次年，长芦盐院公署移驻天津。康熙十六年（1677），沧州分司和长芦转运盐使司等机构都移驻天津，随同移驻的还有经历司衙署、知事库大使衙署。康熙十八年（1679），盐场并为16处，并明确各场位置与范围。雍正十年（1732），又进一步裁并为10场。长芦盐区管辖的10个盐场中，有6个在今河北省：越支场在丰润，济民场在滦州柏各庄，石碑场在乐亭县石碑庄，归化场在抚宁区盐务镇，海丰场在燕山县羊儿庄，严镇场在沧州同居村。兴国场、富民场、丰财场、芦台场这4个盐场在今天津境内。

青州分司改称天津分司

乾隆四十六年（1781）七月，青州分司辖的芦台、丰财两盐场遭受风潮被海水淹没，遭受很大损失。巡盐御史伊龄阿向乾隆皇帝禀报，结果把乾隆皇帝整糊涂了，丰财、芦台二场到底是在山东青州滨海地方还是在天津相近之处？乾隆皇帝详细询问才得知丰财、芦台二场皆在天津，青州分司也在天津。乾隆皇帝觉得这样不好，于是改青州分司为天津分司。

天津附近的盐垛（约19世纪70年代）

明清时期，长芦盐区所产食盐质量最佳，清人汪砢玉在《古今鹾略》中评价广东、浙江、两淮、长芦这几个盐区所产食盐质量时曾说："广不如浙，浙不如淮，淮不如长芦。"可见，长芦盐质量在全国属于上乘。另据王守基《盐法议略》记载，同治年间，长芦盐区的石碑、济民、归化、越支四个盐场是煎盐法，所产之盐细碎形散，称作末盐；兴国、富国、海丰、严镇、丰财五个盐场是晒盐法，所产之盐呈颗粒状，称作盬（gǔ）盐；芦台场用半晒半煎法制盐。"盬盐味稍逊，末盐为上"，可知长芦盐当中又以丰润越支场、滦州济民场、乐亭石碑场和抚宁归化场所产之盐为最好。

二、利泽华北

传统社会因受限于运输成本，因此每个盐产区都有一定的行销范围，被称作行盐区。中国历史早期每个盐产区的行销范围并不稳定，唐末每个盐产区的行销范围渐渐固定下来，北宋初开始形成较为稳定的行销区域，为历代政府所延续，直至明清时期。盐产区的行盐范围依据盐产量和水运交通条件来确定，产量越大，水运条件越方便，行盐区越大。明清时期，长芦盐区的行销范围包括北直隶（今河北省）和河南省绝大部分地区。以清代为例，长芦盐行销直隶、河南两省。在直隶，宣化府所属之永宁卫，保安州，以及西宁、怀来、宣化三县，明代食用长芦盐，清代改食口外所产之盐；蔚州、赤城、万全、龙门、怀安五州县，承德一府，易州府所属的广昌一县，历来食用口外盐；除了上述州县，直隶省其余一百三十一州县，包括顺天府大兴县旧州、采育二营，全部食用长芦盐。河南开封、陈州、彰德、怀庆四府，卫辉府除去考城一县，许州直隶州及所属之临颍、郾城、长葛三县，南阳府属之舞阳一县，共五十二州县，仪封一厅，均食用长芦盐。

行盐区有固定的地域范围，但其内部不同行销区域对应盐产区的不同配盐场地。长芦盐区共有十个盐场，其中，海丰、严镇位于沧州，为南场；兴国、富国、丰财、芦台位于天津附近，为北场；而越支、济民、石碑、归化四场在永平府,属于长芦盐区最北边,并且盐产量较少。按照就近运输原则,永平府所属的卢龙、抚宁、昌黎、临榆、滦州、迁安、乐亭七个州县在越支等四个盐场配盐。天津府所属的静海、青县、沧州、盐山、南皮、庆云,河间府所属的景州、东光、河间、宁津、吴桥、献县、交河、阜城,冀州枣强县,一共十五个州县,在海丰、严镇配盐。直隶其余州县和河南省五十二个州县均在丰财、芦台等四场配盐。

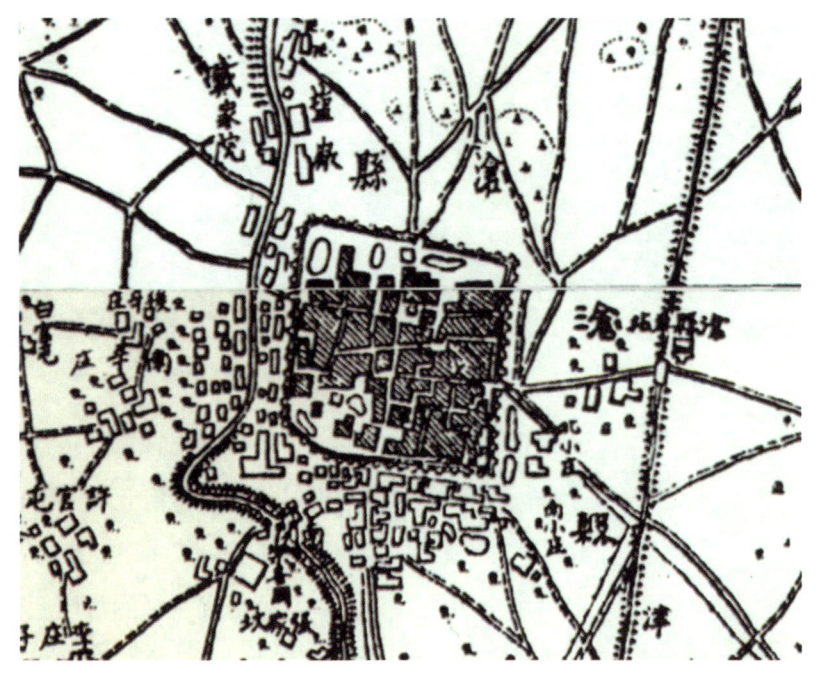

1895年的沧县西门外的盐厂村

长芦盐区设有两个盐坨,南坨在沧州西门外,北坨在天津东门外的海河东岸。负责运盐的商人先入盐场配盐,用席子裹筑成盐包,运到南北盐坨。然后盐商向盐运司告掣批验之后,开始向行盐区各处运输。其中,沧州、庆云、盐山、南皮、宁津五个州县所用之盐,来自沧州盐坨。青县、静海、东光、景州、吴桥、阜城、交河七个州县所用之盐来自沧州、天津两处盐坨。直隶其他州县和河南五十二州县所用之盐均来自天津盐坨。

1900年天津海河东岸的盐坨地

  国家图书馆现藏的《潞河督运图》其实是一幅《巡盐御史出巡图》，不是原图。该图实际画的是长芦巡盐御史从盐院公署乘船前往海河东岸盐坨地巡视的情景。图中可见长芦巡盐御史站在一艘大船的船头，船后是盐院公署，船上两个人正在拉起风帆，往海河东岸的盐坨地行驶，大船前面有三艘小型官船，最前面的船头站着两个人正在鸣锣开道。在海河东岸的盐坨地有一排排覆盖芦席的盐垛，有夫役从盐垛上下卸盐包，有夫役两人一组往船上抬盐包，有夫役三人在一艘船上用长钩码放盐包，两艘刚刚装满盐包的船停在岸边，船上的人或在攀谈，或在吃饭，另三艘船装满盐包后起锚开行，最前面的一艘盐船正在通过盐关浮桥。盐关浮桥不远处盐关衙门外的码头边，站着两排衣冠严整的官员，正在迎接巡盐御史大人的到来。整幅图惟妙惟肖，既表现了巡盐御史出巡时的威严和气派，也表现了从盐坨运盐装船和盐船起运时的劳动场面。

第十一章 利泽华北的长芦盐 | 169

巡盐御史出巡场景图

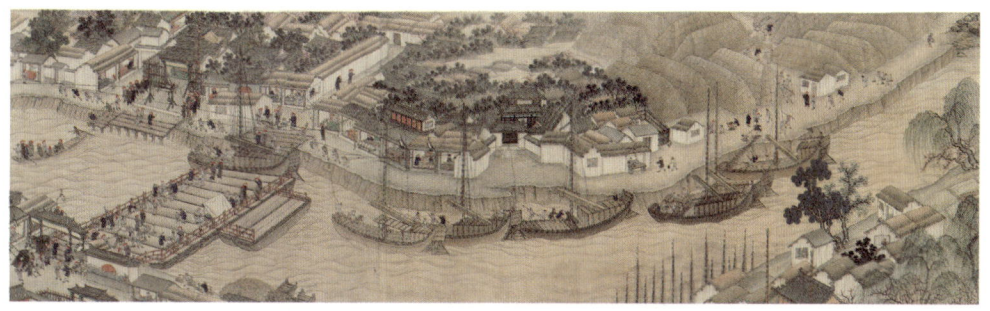

旧时天津海河东岸盐坨及盐船场景图

长芦盐多用水路运输，分别经由北运河、南运河、淀河、西河等运到河北、河南各处。淀河指大清河，因大清河贯穿西淀（白洋淀）和东淀（今已消失），故称淀河。大清河流过东淀后与子牙河汇合，称作西河，汇入北运河。直隶省沿南运河各州县所用之盐，直接用船运到各县，然后分销县内。青县、静海、东光三县之盐，经由南运河运至各县总店分销；景州、吴桥所用之盐，经由南运河运至景州安陵镇，再用车运至总店分销；阜城、交河两县之盐，经由南运河至交河泊头镇，再用车运至各县总店分销。北京地区各州县所用食盐，从天津经由北运河运到张家湾，再分别运进北京城内和通州、顺义、昌平、怀柔、密云等地。直隶中部地区所用之盐，或经淀河船运至保定县（今为保定市）张青口及清苑县（今为清苑区），或经西河运至衡水之小范、任县之邢家湾、宁晋之白沐丁曹及邯郸县（今为邯山区），再转运邻近州县。直隶南部地区所需之盐，则经南运河运至大名之龙王庙、白水潭等处再转运至附近州县，河南各州县所食之盐则由白水潭或龙王庙用小船经卫河运至汲县、浚县道口、新镇、内黄县楚旺镇，再用车运至河南各地。

由于有的州县距离盐坨较远，而距离盐场较近，所以清政府采取灵活的管理方式，凡距离盐场或盐坨较近的各州县，直接前往所属盐场运盐。永平府所属卢龙等七个州县直接赴越支等四个盐场，蓟州、遵化、丰润、玉田、宁河、宝坻、三河、平谷八个州县直接赴芦台盐场，沧州、庆云、盐山、南皮直接赴沧州盐坨，分别用车运盐至各州县。

汉沽盐场装袋工人（1911—1912 年）

可以看到历史上京津冀三地和河南省所食用的长芦盐主要是利用南运河、北运河以及华北平原上其他河流运送到千家万户的，大运河对民生的作用由此可见一斑。

三、盐神信仰

生产力低下的传统社会，社会各行各业都有神祇崇拜，盐业生产同样也有自己的行业神。长期以来，长芦盐区崇拜的神祇主要有盐母、水神平浪侯和天后娘娘等。

盐母信仰与制盐文化有关，诞生于行业内部，起源也比较早。明长芦青州分司同知陈九功所写的《修复兴宝神祠记》，记载了他在芦台盐场发现盐母庙遗址，看到元代平州廉访使赵公所刻之碑记，上面记载五代时一圣母显灵，教当地百姓煮盐之法，然后化去，百姓认圣母为神，于是建造祠庙祭祀，这便是盐母信仰的起始。元大德年间，赵公重新修葺盐母庙。数日后，人们发现庙南十里之处，出现面积十几顷厚约寸许皎白如雪的盐，当地人竞相收回家中。其实，这是海水经过暴晒而成盐，只不过修庙与晒盐两件事碰到一起了，但当时的人们认为这是盐母显灵。陈九功于是也捐俸倡议重修盐母庙。该庙完工当日，却突然下起了大雨，盐池均被雨水淹没，众人也相继归家。第二天雨过天晴，盐池中池水凝结成盐。陈九功这天也要出发去别处巡察，商民送到河边，告诉他说以前下完雨后，盐池无盐，今天盐池中的盐不知从何而来，众人认为这是奇异之事，是重修盐母庙后盐母有感而显灵的结果。清代滩晒制盐法在沿海得到广泛使用，盐母信仰范围进一步扩大。嘉庆十三年（1808），芦台盐场寨上庄滩晒灶户李斗宾等为求得盐母保佑盐业丰收，捐资修建盐母庙。汉沽的七里海一带也有盐母娘娘的传说。天津葛沽一带民间流传着"先有灶离庙，后有葛沽镇"的民间俗语。葛沽是长芦盐的丰财盐场所在地，这里的灶离庙供奉着盐母和盐公，其实是盐母庙的扩展版，符合中国人祈愿好事成双的传统。

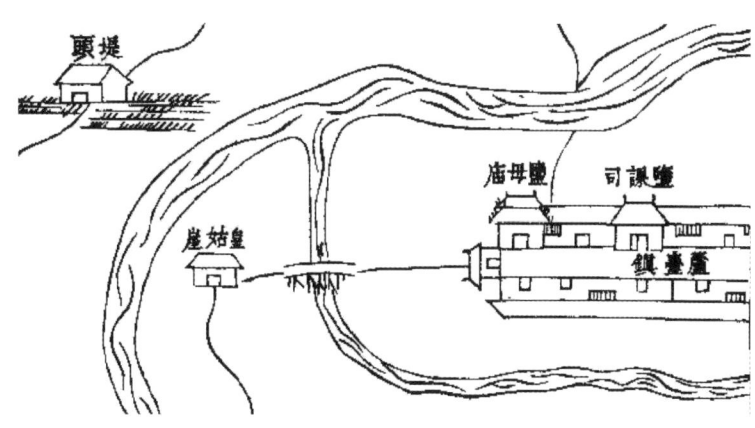

《新修长芦盐法志》中芦台盐场的盐母庙图示

盐业生产不管是晒盐还是煎盐，都喜欢天旱，有利于增加食盐产量，因此滨海盐户有"天大旱，吃喜面"的传统。灶离庙中的"离"，是八卦中的离，代表火，对应天旱无雨。农业生产地区有"大旱不过五月十三"的说法，但在沿海产盐区域来说，天旱过了五月十三，才是盐业丰收的年景。在天津城北的长芦巡盐御史公署东侧，曾建有熏风烈日祠，也表达了干旱对于盐业生产的重要性。

《天津保甲图说》中的天津城北长芦巡盐御史公署（盐院）和熏风烈日祠图示

长芦盐区还有平浪侯晏公信仰，这是由水神信仰转变而来的盐业保护神。晏公是江西的水神，后来随着漕运传到运河沿线。根据史料记载，晏公本名叫晏戍仔，大约为宋末元初时候的人，家住江西临江府清江镇。晏公膀大腰圆，面似黑漆，豹头环眼，浓眉络腮，恰似《水浒传》中的李逵形象，性格也极为相似。晏公疾恶如仇，是一位"路见不平一声吼，该出手时就出手"的红脸汉子。后来晏公做了官，不久生病回乡，不幸病逝于船上。随从买来棺木，装殓入内，运回家乡。一个月后，棺椁到了晏公家乡，家乡人十分惊讶，说一个月前晏公已经回来啦，乡亲们亲眼所见，他骑着马，风度翩翩，和乡亲们热情地打着招呼。随从和晏公家乡人深入交谈，发现当地人一个月前见到晏公的那天，正是他去世的当日。为了验证晏公是否死亡，人们打开棺椁，结果发现里面空空如也。人们相信，晏公已经成仙了，于是建庙宇、塑神像以祭祀他。传说此后，晏公经常在江河上显灵，拯救过无数人的生命，于是人们相信晏公变成了水神，晏公信仰在民间传播开来。据说，朱元璋在长江上与张士诚战斗，战船快沉没时，晏公显灵拯救了他，后来晏公被朱元璋封为平浪侯。有了官方的认可，民间对晏公的信仰更加虔诚，影响范围越来越大，并随着漕运传到了北方地区。根据《长芦盐法志》记载，天津海河西岸旧有平浪侯庙，后来众盐商因为利用海河运载食盐，并存贮于当地盐坨，希望得到平浪侯保佑，于顺治六年（1649）建平浪侯庙于海河东岸的盐坨，称海神庙。

《三教源流搜神大全》中的晏公

同时，妈祖信仰是沿海地区重要的民俗，元代随着漕粮海运传到渤海之滨，迅速被沿海民众所信奉，其功能也从单一保护航海安全的功能向送子护生、祛除疾病、保佑平安等多功能转化，因其女神形象而被民间称作娘娘。盐业生产属于海洋产业，食盐运输与船运有关，人们自然希望得到妈祖神灵的庇护，因此沿海地区建有很多娘娘庙，妈祖自然也成为盐业保护神之一。

四、"盐说"京津冀

隋唐以后，随着河北地区社会经济发展和地域开发强度提高，区域人口数量持续增长，食盐消费量也随之提高，这极大地促进了沿海食盐业的发展，盐业经济的活跃又带动了城镇的勃兴和发展。今河北香河和天津宝坻均是因盐业经济发展而于辽金时期设置的县。

香河县出现于辽代，其设置与沿海的盐业发展有关。五代后唐同光三年（925），卢龙节度使赵德均在芦台（今宁河区）开设盐场。赵德均在幽州东南180多里的地方，选择地势较高的平坦宽敞之地，设置榷盐院，称作新仓，用来存储食盐。然后用船把芦台盐场生产的食盐运到新仓，接下来开挖河渠与周边水系连接起来，在今河北中部地区开展食盐贸易，新仓成为区域盐业贸易中心。936年，后晋皇帝石敬瑭把幽云十六州献给契丹，辽朝便掌握了幽州海盐之利。最初，契丹人生活在蒙古高原地区，主要生产和食用池盐。幽州纳入辽朝版图后，幽云十六州以北地区也开始食用海盐，这无疑扩大了幽州海盐的市场范围，也进一步促进了沿海地区经济的发展。辽政府在五代时设置新仓镇建立食盐储运中心，设立了征榷院。契丹人不光会打仗，管理经济也是有一手的，在辽朝政府的经营下，新仓的食盐贸易比以前更加红火，商贾云集，百货山积，居民聚集，形成一个规模较大的市镇。新仓属于当时武清县的管辖区域，原来没有发展起来的时候，人烟稀少，管理难度不大，可是新仓一带经济活跃起来后，人口大大增加，迫切需要加强管理。辽朝政府于是从潞县、三河县和武清县各划出一部分土地，设置香河县，县城设在武清北部一个叫孙村的地方，新仓镇隶属于香河县管辖，香河县的设置显然是盐业经济发展的结果。香河县虽然因盐设县，但地名却取自水中莲花，据《日下旧闻考》记载："县东南濒水，多生芰荷，夏秋之间，其香馥郁，因名香河。"

辽朝的版图最南界在今天津至保定一线，新仓的盐业贸易只能覆盖河北北部以及坝上草原一带。金灭辽后，其版图进一步扩大，淮河以北地区都是金朝的土地。同时，1153年完颜亮将都城从上京（今哈尔滨阿城）迁到燕京（今北京），改名中都，同时实行漕运制度，利用潞水（北运河）与御河（南运河）从中原地区运送漕粮到中都。明朝人蒋一葵写的《长安客话》中提到香河县境南有大龙湾、小龙湾两条河，夏秋水大时开始合流，经宝坻界入海，相传是辽时的海运故道。新仓镇就位于这个海运故道之上，西接潞水，东通大海，向西可达整个河北、河南、山东西部地区，向东可达山东半岛地区，新仓的盐业和商品贸易范围进一步扩大，远胜辽代。根据当时人记载，新仓镇已经是"居人市易，井肆连络，阛阓杂沓"，"于时畿内重地，新仓镇颇为称首"。新仓的繁荣富庶，吸引了当时皇帝的注意。金大定十一年(1171)，金世宗来到新仓视察，看到这里的繁华盛景，说道："此新仓镇人烟繁庶，可改为县。"皇帝金口一开，第二年金朝政府分出香河县东部地区一万五千户为县，命名为宝坻，县城设在新仓，当时县城居民有一千多户。金章宗承安三年(1198)一度升宝坻县为盈州，管辖香河县和武清县，不久又废州为县。宝坻这个名称是与盐有关的，金人刘晞颜《新建宝坻县纪略》记载说："谓盐乃国之宝，取如坻如京之义，名之曰宝坻。""如坻如京"来自《诗经·小雅·甫田》中的"曾孙之庾，如坻如京"，坻是指水中高地，京指高丘。这句话的意思是说曾孙的粮仓，像水中沙洲和高丘一样高。"如坻如京"表达的是丰收含义，宝坻则是祈盼盐业丰收之意。"坻"字本来发音为 chí，据说乾隆皇帝巡幸京东，来到这里，把坻念成了 dǐ，皇帝金口玉言，一锤定音，从此宝坻俩字就读作 bǎodǐ 了。看来，宝坻不仅与盐有缘，更与皇帝有缘。元代以后，由于辽海运故道的堙废，宝坻丧失水运交通优势，自然也就失去了盐业转运功能。

　　元代宝坻县的芦台镇历来是重要的盐场，长芦盐区芦台盐场产盐最多，约占长芦盐产量的三分之一。每年夏秋季节，长芦盐场用滩晒法制出来的盐积于河干，远望如玉砂一般。明代的《宝坻县志》记载的宝坻八景之中有"芦台玉砂"一景，描述的就是芦台沿海一带晒盐的景象。宝坻新仓镇衰落后，芦台因有蓟运河和临海的优势，成为新的食盐转运中心，商业贸易繁盛。到了清代，芦台镇已经发展为"京东巨镇"，其影响远至周边地区。另外，明清时鼓励滨海地带开垦农田，发展水利，人口不断增加，一改过去荒无人烟的情景。雍正九年（1731），清政府在宝坻县东部设立了宁河县，县城设在芦台镇。

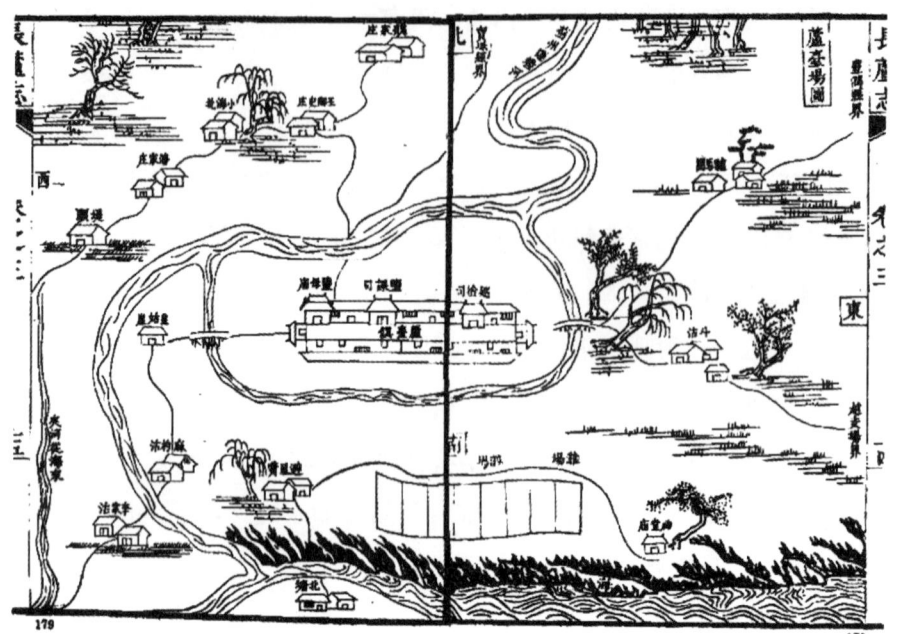

《新修长芦盐法志》中的芦台盐场图示

讲到这里,我们会发现原来香河县脱胎于潞县、三河和武清,宝坻县脱胎于香河县,宁河县脱胎于宝坻县,且每个县的形成都与盐有关系。今天,潞县已经变成了北京的通州区,三河、香河属于河北省,宝坻、宁河属于天津市。虽然今天这几个县、区分属于三个省市,但在历史上却同根所生,共吃长芦盐,同享大运河。

第十二章

各具特色的河北风物

"沉沉一线牵南北",大运河穿过中华大地上的黄河、海河、淮河、长江和钱塘江等五条大江大河,将京津文化、燕赵文化、齐鲁文化、中原文化、吴越文化、淮扬文化等各地文化连接起来,一条多姿多彩的多元文化纽带奠定了大运河在中华文化上的不朽地位。在千年运河的粼粼波涛之上,南来北往的各种船只满载各地的物产,流通于各地之间,也携带各方的文化,传播到大运河两岸和九州大地。大运河流经河北,让吴桥杂技走出燕赵大地,登上世界舞台;大运河成就了河间驴肉火烧的美名,也让沧州金丝小枣走向海外。

一、大运河畔的杂技之乡

吴桥是世界闻名的杂技之乡,位于南运河畔,向南即进入山东省德州可抵江苏,向北即经沧州可达京津,处于大运河所维系的南北交通要道上。吴桥往南就是山东德州,德州得名于德水,德水即是古黄河的别称。秦始皇统一天下,认为秦朝属于五行当中的水德,命名黄河为德水,德州因位于古黄河畔而得名。从这里我们就知道了,吴桥位于古黄河的下游地区,水患严重,同时临近渤海,土地尽为盐碱地。水灾、旱灾、蝗灾轮番在这里上演,人民生活苦不堪言。在以农为本的古代社会,土地产出有限的情况下,挖掘自身潜能成了人们的生存首选。吴桥人找到了打把式卖艺的谋生路,借助大运河的交通优势,走南闯北,浪迹江湖,通过玩杂耍开创出一条不平凡的杂技谋生之路,并成为吴桥人祖祖辈辈的生存之道。吴桥锣歌唱道:"小小铜锣圆悠悠,学套把戏江湖走,南京收了南京去,北京收了北京游,南北二京都不收,条河两岸度春秋……"歌谣里的条河指的就是大运河,可见吴桥人是通过大运河把吴桥杂技传到大江南北、五湖四海的。

> **秦朝的水德说**
>
> 秦始皇信奉战国时代邹衍提出的"五德终始"学说,即有虞氏之世属土,夏朝属木,商朝属金,周朝属火,依据五行相克原理,木克土、金克木、火克金、水克火、土克水,因此夏朝代替有虞氏、商朝代替夏朝、周朝代替商朝。按照《史记》记载,秦灭六国,"始皇推终始五德之传,以为周得火德,秦代周德,从所不胜。方今水德之始,改年始,朝贺皆自十月朔。衣服旄旌节旗皆上黑。数以六为纪,符、法冠皆六寸,而舆六尺,六尺为步,乘六马"。秦朝代替周朝,当为水德。秦为水德,而水德代表数字是六,故秦的数字均与六有关,如分天下为三十六郡。水色黑,故秦朝崇尚黑色,皇帝穿黑色龙袍,军队穿黑色战袍,百姓穿黑色衣服。

运河上的杂技(20世纪40年代初)

杂技在古代属于下九流,正史志书均不屑于记载,故吴桥杂技起源于何时难以稽考。司马迁所著的《史记》记载西汉时冀州有"蚩尤戏",据考证为现代杂技的雏形,后来表演形式和内容越来越丰富,被称作"百戏",是当时乐舞杂技艺术的总称。1958年,吴桥县小马厂村曾出土东魏时期墓葬,在古墓内的墙壁上，描绘有蝎子爬、倒立、马术等杂技表演场面，这是当时社会生活的反映，说明北朝时期吴桥杂技有了相当的发展。

吴桥东魏古墓杂技壁画
（资料来源：沧州市志编纂委员会编，《沧州市志》，方志出版社，2006年）

　　传说，唐朝有一个叫作纪晓堂的书生，为了考取功名，两次进京，终于中了进士。但不幸的是，纪晓堂受到小人的构陷，好不容易考上的进士又被除名。纪晓堂深受打击，从此不再醉心于科举，放浪形骸，云游四方。有一天，他在终南山下遇到杂技的祖师爷吕洞宾，便拜其为师。在吕洞宾的精心教导下，纪晓堂学会了三百六十套杂记戏法。学成之后，纪晓堂凭着杂耍手艺游历各地，最后来到吴桥地方，在这里的一座道观里居住下来，授徒传艺。从此以后，纪晓堂的杂耍戏法在吴桥地区代代相传，不断发展完善，成为吴桥人谋生的手段。

　　传说未必真实，但一定隐藏着其流传至今的文化基因，吴桥杂技是一代又一代艺人在千百年的曲折发展中呕心沥血精心培育的结果。吴桥杂技能够有今天，除了吴桥本地艺人的坚守初心之外，还有其客观因素，那就是大运河的功劳。自隋唐永济渠开凿贯通，继而经过金元明清四朝京杭大运河的繁荣发展，位于运河之畔的吴桥从此被嵌入国家交通大动脉网络之中，这为吴桥杂技的传播提供了极大的便利。吴桥本地的杂技艺人可以借助水运优势，沿途卖艺，也能够前往更远的地方谋生。大运河既是交通要道，还是一条信息通道，南来北往的行旅客商路经吴桥，或亲眼见证吴桥杂技的高超演技，或听到他人对吴桥杂技绘声绘色的讲述，就这样，吴桥杂技的名声在运河的流动中被传播到全国各地，可以说吴桥杂技品牌形象的树立是大运河默默做出的历史贡献。

近代以降，随着西方文化进入中国，吴桥杂技在欧美文化的影响下，服饰、音乐、手法、道具等方面均有改进和提高。在组织形式上，由单人帮、包袱班过渡到班主制。班主立大棚，招聘演员，客观上进一步促进了杂技艺术的交流和发展。民国期间，吴桥县受军阀混战影响，民不聊生，大批的杂技艺人背井离乡，前往外地谋生，同时把杂技艺术播撒到全国各地。后来，还有一些艺人前往海外谋生，吴桥杂技艺人孙富友、孙凤山、史得俊、姚振奎、边玉明等均曾到国外演出，把吴桥杂技推向了国际舞台。

吴桥艺人边玉明在印度尼西亚受到该国总统苏加诺的接见
（资料来源：沧州市志编纂委员会编，《沧州市志》，方志出版社，2006年）

对外而言，吴桥杂技是一门专业技艺；对于吴桥内部而言，杂技却是吴桥人的日常生活。吴桥人醉心于掺杂杂技的生活氛围，并乐此不疲。在吴桥，无论是大街小巷，还是田间地头，甚至在屋内的桌椅板凳、床头炕尾之上，吴桥人会利用一切场地，只要时间允许，他们都会翻翻跟斗，叠叠罗汉，表演一下拿手好戏，展示一下独门手艺，在娱乐展示当中实现了相互交流和共同提高，既娱乐了身心，又丰富了生活。广泛的群众基础才是吴桥杂技千年以来不断茁壮成长并发展壮大的肥沃土壤，吴桥杂技能够走向世界，告诉我们一个深刻的道理：只有根深蒂固，才能枝繁叶茂。

孙凤山
（资料来源：吴桥杂技大世界网站，http://www.wqzjdsj.com/show-sub.html?channelCode=dwyc&code=ycjz）

在今人可追溯的民间记忆中，吴桥杂技至少有着200多年的历史。在漫长的发展过程中，吴桥杂技形成了平衡技巧、人体竞技、耍弄技巧、手彩魔术、道具魔术、仿生表演、滑稽表演、动物驯演、马术表演等十几个表演门类、上千个表演节目。在这浩繁的表演节目中，"马戏"是国家级非物质文化遗产项目"吴桥杂技"的重要构成部分，也是传承历史最长、承载历史文化最多的吴桥杂技代表作品。清中晚期，吴桥马戏达到鼎盛，涌现出"现代马戏之父"孙福有、"马骠子快腿刘"、"马戏王"刘荣贵、"大花鞋"刘国栋、"四大金刚"张宪树父子等众多享誉全国、闻名世界的杂技名人名班。其中，"马戏王"刘荣贵的同乐马戏班，代表了当时吴桥马戏表演的最高水平。中华人民共和国成立后，吴桥成立了杂技艺人联合会，"吴桥马戏"表演空前繁荣，全县的61个马戏团班中，班班都有马戏表演。当时在杂技界流传着一句"没有马戏不成班"的说法,"吴桥马戏"也因此成为久演不衰、备受市场欢迎的吴桥杂技招牌节目。20世纪三四十年代,以吴桥人孙凤山为团长的"北京皇家大马戏班"和以孙福有为团长的"中华大马戏团"享誉海内外。吴桥人是中国杂技的脊梁,至今在杂技界还流传着"没有吴桥人,不成杂技班""十方杂技,九籍吴桥"的说法。1954年,周恩来总理访问亚非欧十四国,每到一处接见华侨时,总有吴桥的杂技艺人,周总理欣喜地说:"吴桥不愧是杂技之乡。"

> **中国有多少杂技之乡**
>
> 在中国很多地方都有历史悠久的杂技艺术传统,天津市武清区,河北省吴桥县、肃宁县、霸州市,河南省濮阳市,山东省聊城市,江苏省盐城市,湖北省天门市,安徽省广德市等,都被誉为"杂技之乡",但在世界上声誉最为卓著的是吴桥杂技。

目前,吴桥县杂技文化传承事业呈现出方兴未艾的局面,全县473个行政村,村村都有杂技艺人,杂技专业村有100多个,全县各级各类学校近3万名青少年儿童均能够掌握一手杂技动作表演和小魔术表演,真正做到了"吴桥要杂技,人人有一手"。为了弘扬吴桥杂技文化,发展地方经济,1992年吴桥县政府与香港国旅合资兴建了杂技大世界,1993年对游人开放,今日吴桥杂技大世界已成为国内外知名的民俗特色旅游景区。中国吴桥国际杂技艺术节创办于1987年,每两年举办一届,是中国杂技艺术领域举办历史最长、规模最大、影响最广的国家级艺术赛事和文化节庆活动。

吴桥杂技源于民间,有着深厚而广泛的群众基础,几千年来生生不息,拥有了强大生命力。吴桥传统杂技节目多达7大类486个单项,在全国杂技界享有盛誉,影响力远及海外。2006年5月,吴桥杂技被国务院列入第一批国家级非物质文化遗产名录。

杂技转碟

（资料来源：吴桥杂技大世界网站，http://www.wqzjdsj.com/show-sub.html?channelCode=dwyc&code=ycjz）

二、河北的驴肉火烧

俗话说"天上龙肉，地下驴肉"，这句俗语是在赞赏驴肉的口味上乘，同猪肉、牛羊肉比起来，驴肉的肉质更加鲜红细嫩，无猪肉的肥腻感，也没有牛羊肉的膻味，口感也更佳，因此才得到世人如此高的评价。中医认为驴肉是大补品，《本草纲目》就说："驴肉补血，固本培元。"驴肉的营养价值高，可养心安神，可护肤美容，是非常好的滋补品。从这个角度来说，驴肉火烧不仅仅是食品，还是食疗保健品。

在河北，"驴肉火烧"绝对属于第一流的小吃，可分为两个派别：保定驴肉火烧和河间驴肉火烧。据说驴肉火烧最早起源于保定市徐水区的漕河镇。传说宋朝的时候，漕河镇位于漕河之畔。宋辽时期，这里是辽宋边界，驻扎大量军队，因利用这条河给军队运送漕粮，故名漕河，这个镇也因此叫作漕河镇，是运粮码头。当时，漕河镇码头上有漕帮和盐帮两个帮会，漕帮负责运输漕粮，盐帮负责运输食盐，这两个帮会常常因为争夺地盘而大打出手。不过盐帮经常被漕帮打败，盐帮用来驮运食盐的驴总是被漕帮夺取。漕帮的人抢了驴，就把驴杀掉，大卸八块，放到锅里煮熟，然后夹在当地特产火烧里吃掉，他们发现火烧就着驴肉吃别有滋味，香气扑鼻。于是，不经意间，驴肉火烧就诞生了，成了漕河镇的美食。驴肉火烧因漕帮和盐帮争斗而诞生只是一个传说，但漕河曾经用于漕运却是历史上的真事。据记载，北宋太平兴国四年（979），幽州行营都部署刘遇曾经引徐河与一亩泉河合流，经保塞城（今保定），以利水运。太平兴国六年（981），置保州，八作使郝守浚召民工分行河道，开徐河、鸡距河五十里入白沟河，用于接济辽宋边界以南即宋朝境内的漕运。徐水就是漕河，在宋辽对峙的一百多年中，曾经发挥了重要的漕运功能。这样说来，驴肉火烧的产生与运河是有一定关系的。

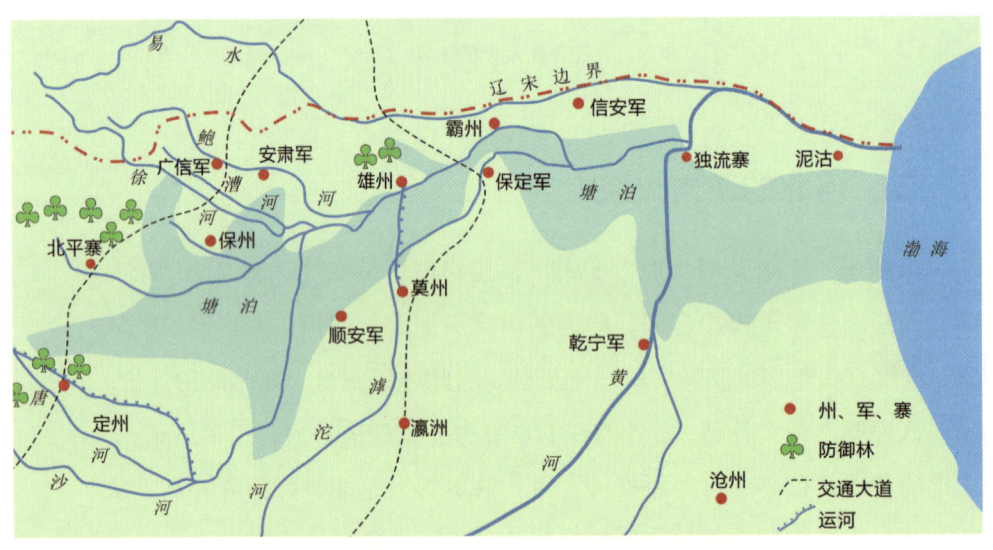

辽宋之间的河流和塘泊示意图

除了保定驴肉火烧，河间的驴肉火烧也非常有名。河间驴肉火烧的来源也有一个传说，其历史比保定漕河驴肉火烧的传说更早。说是唐太宗李世民在当上皇帝之前，曾经来到河间一带，扮作普通人模样，来到一个书生家中，两人相谈甚欢。书生家穷，没有什么可招待的，一狠心，把家里的驴杀了，与李世民饱食一顿。后来李世民当了皇帝，虽然吃遍了山珍海味，却总心心念念以前在河间吃的驴肉，常对臣下说起，就这样河间驴肉一下子出了名。也有一种传说，版本和上面所说差不多，只是主角换成了唐玄宗李隆基。不管唐朝还是宋朝，都印证了河间驴肉火烧的历史久远。

河间驴肉火烧

（资料来源：杨力主编，《吃好主食身体好》，中国轻工业出版社，2017年）

河间在历史上是个有名的地方，河间之名始于西汉的河间国，后来行政建置变化频繁，河间之名多次在历史上消失。直到金代始设河间府，但当时管辖地域很小。元代设河间路，管辖地域范围扩大，涵盖今天的河间、沧州、天津海河以南一带。明代河间府的范围大致与元代差不多，南运河穿过整个沧州府地界，清代南运河南段属于河间府，北段属于天津府。河间不仅是水路通衢，还是京南陆路交通要道。金元以后，从北京经河间通往山东德州的一条陆路——官马大道开始形成。清代康熙皇帝下江南，特别是乾隆皇帝下江南经常走这条路。元明清时期，运河和陆路交通大道均经过河间府，使得南北文化荟萃于此，各种饮食文化在河间融合发展，民间有"要吃饭，河间转"的俗语，就说明了河间饮食文化的丰富。

传说乾隆皇帝下江南，从河间路过时，曾居住于当地一农户家，这家主人用饼夹上驴肉放在锅里加热，用盘子端上来盛给乾隆皇帝，乾隆皇帝吃后，连连称赞味道鲜美可口。乾隆皇帝下江南，来回多从河间走，一定品尝过河间驴肉火烧这个地方的名牌饮食，得到皇帝的肯定也在情理之中。不过酒好也怕巷子深，河间驴肉火烧的名气在全国大增离不开大运河的传播作用。运河水运成本低廉，能够使地方土特产品传播到更远的地方，从而促成其品牌和名气。香气四溢的驴肉火烧，深受往来客旅喜爱，最终沿着运河传播开来，北至京津，南至江南。

河间的驴肉火烧不同于保定漕河驴肉火烧。首先，两地使用的驴肉不同，河间驴肉来自本地的渤海驴，保定的驴肉则来自太行驴，简单地说就是海边驴和山边驴的区别。我们常说"一方水土养一方人"，这个规律也同样适用于动物界，生存环境不同，驴肉的味道自然也不一样。其次，保定驴肉火烧外形是方形的，而河间驴肉火烧外形是圆形的。驴肉火烧形状不同，也反映着制作加工手法的差异，圆形的驴肉火烧制作上似乎更快一些，推测这可能与河间的交通区位有关。作为河北著名风味小吃，在运河上一定属于热卖品，需求量上升，以至于对制作加工效率提出要求，实践可以证明，圆形火烧制作确实要比方形火烧制作更快一些。北京通州区著名小吃大顺斋糖火烧的形状也是圆形的，可能也与运河上的快速消费有关。这里要说明一下，对于河间驴肉火烧为啥是圆形纯属本书揣度，不作为历史依据。在河北省故城县有一种叫"原隰驴肉火烧"的地方特色小吃，在故城县久负盛名，备受推崇，据资料记载，至今已有一百多年的历史。今天的故城县隶属衡水市，但在历史上故城县却隶属河间府，又位于运河边，也可能与河间驴肉火烧源于一脉。

北京通州大顺斋糖火烧

坐落于大运河北端的通州有个有名的小吃——大顺斋糖火烧，明朝崇祯年间，一个叫刘刚的回族人，乳名大顺，从南京经由运河落户通州，在这里靠贩卖火烧营生。刘刚很会动脑子，自创了一种糖火烧，非常受市场欢迎，于是在通州南大街开了个铺子，用自己的乳名取名"大顺斋"，从此大顺斋糖火烧在通州出了名。据说，1960年印度总理来华访问，点名要吃大顺斋的糖火烧。现在大顺斋糖火烧已被列入北京市非物质文化遗产名录。

中华人民共和国成立后，驴作为重要的生产资料受到保护，不能再随随便便地把驴杀掉做成肉食了。这对驴肉火烧来说冲击不小，没有了驴肉，再叫驴肉火烧总不是那么回事。不得已，人们用猪肉替代部分驴肉，后来又创造出用驴油、淀粉、药材等制作焖子。改革开放以后，随着经济活动的活跃，驴肉火烧作为河北民间特色食品又重出江湖，制作手法也有了新的发展，相比于以前味道更鲜美，口感更佳，特色更鲜明。河间民间流传着"要长寿，吃驴肉，要健康，喝驴汤"的民谚，这是老百姓在长期的生活实践中总结出来的对驴肉营养价值的肯定。

文献记载，在古代曾利用毛驴在运河上拉纤，至少元代北运河上就曾有漕船用驴拉纤的记载，清代《都畿水利图卷》也有毛驴拉船的画面，驴也是运河文化的符号之一。驴在农业社会日常生活中是重要的畜力工具，优点是脾气温顺、勤勤恳恳、任劳任怨，驴拉磨、驴拉车、驴运物、驴驮人……印象中驴什么苦活、重活都能干。驴的缺点也很突出，就是性格执拗，因此"驴脾气"名声在外。驴把自己的一生都贡献给了人类，大运河畔的河北驴肉火烧，是驴最后的倔强。

《都黻水利图卷》中通惠河上拉船的驴

三、红极一时的金丝小枣

枣是我国栽培最早的果品之一。《黄帝内经》提到"枣干、李酸、栗咸、杏苦、桃辛",枣为五果之一。《诗经》中有"八月剥枣,十月获稻"的诗句,《史记·货殖列传》记载幽州"有鱼盐枣栗之饶"。这些记载说明中国枣树种植历史之悠久。红枣原产于黄河流域,后逐渐遍布全国。在全国各地所产的枣类当中,位于大运河畔的沧州所产的"金丝小枣"在全国首屈一指。沧州是我国金丝小枣的主要产地,所产的枣色泽鲜红,皮薄肉厚,汁多核小,果肉青黄色,肉质柔嫩细脆,味道甘美清香,剥开时有纤细金丝,香甜如蜜,故称为金丝小枣。沧州金丝小枣具有悠久的栽培历史,因为风味独特,成为我国红枣中的珍品。沧州有得天独厚的土壤条件,全市耕地以中壤质黏潮土为主,土层深厚,上松下实,通透性好,保水保肥能力强,俗称"蒙金土"。沧州土壤中性偏碱,养分含量高,特别是锌、铁含量高于其他土种,非常适合枣树生长。另外,沧州属暖温带半湿润大陆性季风气候区,春季天旱少雨,夏季降水集中,秋季天高气爽,这种气候非常有利于金丝小枣的生长。金丝小枣发芽晚，不怕春旱，夏季雨水多，光热条件适合果实成长，秋季光照充足，雨量少，昼夜温差大，利于枣果糖分积累、着色及品质的提高，因而形成了沧州金丝小枣皮薄、肉厚、核小、色红的显著特点。

沧州金丝小枣具有很高的营养价值，历来被称为上等滋补品，民间谚语有"五谷加小枣，胜似灵芝草""一天吃仨枣，一辈子不显老"的说法。金丝小枣具有益心润肺、和脾健胃、益气生津、补血养颜之功能。中国医学科学院测定：金丝小枣干枣含糖量70%以上，居"万果之首"。鲜枣的维生素含量高，特别是维生素C的含量高，每百克达540毫克，相当于苹果、梨等水果的100倍，因而，金丝小枣又被誉为"维生素之母"。金丝小枣的蛋白质含量也很高，每百克干枣含1.2克，相当于苹果的3~10倍。另外，金丝小枣还含有人体所必需的8种氨基酸。金丝小枣不仅营养价值高，而且药用价值大。早在《神农本草经》中就有枣"主心腹邪气，安中养神，助十二经，平胃气，通九窍，补少气，少津液，身中不足，大惊、四肢重，和百药"的记载。明代大医学家李时珍认为："枣乃脾之果品，脾病宜食之。"他在《本草纲目》中说，枣"善补阴阳、气血、津液、脉络、津俞、骨髓，一切虚耗无不宜之"。

金丝小枣在沧州民间又称"仙果"，这一得名还有一个美丽的故事。相传，人间以前没有枣树，只有天上才有，种植在王母娘娘的百果园中，由一名仙女看管，称作枣仙。枣仙美丽善良，勤于劳作，深得王母喜爱。一日，王母娘娘带领百花仙子和百果仙子云游南海。众仙女有说有笑，兴致很高。这时众仙路过江南，枣仙在云上不经意往下一看，只见大地上烈日炎炎，赤地千里，饿殍遍野，饥民流离失所。枣仙顿时心生怜悯，慨叹天上繁花似锦，地上却凄惨一片。枣仙于是掏出枣树种子洒向人间，大地上随即长满枣树，生机一片，地上的饥民终于得救了，江南又繁华起来。不久，王母娘娘发现大地上长满了天上的仙果，知道是枣仙做的，就把枣仙贬入凡间。枣仙被摔在江南的一座秃山上，她醒来后，用双手和仙术把这座荒山变成绿油油的果园。不巧的是,枣仙被贬到江南后被一个壁虎精发现,这个壁虎精在天上曾偷吃王母果园中的仙果,被枣仙剁掉一根指头。壁虎精怀恨在心,准备害死枣仙,但枣仙在蜜蜂的保护下逃到了沧州,在这里安顿下来,从此沧州就有了枣树。壁虎精没有找到枣仙,恼羞成怒,把当地的枣树全部毁掉,从此江南的枣树就消失了。在枣仙的精心照料下,沧州大地上枣树成林,百姓生活富足。壁虎精没有找到枣仙,跑到王母娘娘那里告状。王母娘娘便派臭大姐和八角子下界害死了枣仙,并且留下来祸害枣树,因此至今枣树上还有这两种害虫。枣仙死后,枣树再也没有以前那样粗壮茂盛了,枣叶枣花都比以前小了很多,枣花掩藏在枣叶之下默默开放,结出的果子也比以前小了,唯有果味香甜依旧。这就是沧州金丝小枣来历的传说,故事反映了枣仙姑娘的人间大爱,也从另一个侧面反映出枣在饥荒年景能够起到救灾的作用。

沧州出产的枣
(资料来源:沧州市志编纂委员会编,《沧州市志》,方志出版社,2006年)

枣虽然是水果，但其所含热量与米面的热量接近，能够起到代替粮食的作用。另外，枣树生命力极强，不管土地多么贫瘠，枣树都能够顽强生长，《齐民要术》记载："旱涝之地不任稼者，种枣则任矣。"不管气候多么恶劣，栽种枣树总能有较好的收成，因此枣树被民间称作"铁杆庄稼"，自古以来就在民间食物结构中占有一定的比重。历代王朝都重视枣业在农业中的地位，鼓励民间种植枣树，用以应对灾荒之年。嘉靖《河间府志》记载，洪武二十七年（1394），朱元璋命令工部发文，让百姓务要多栽种桑枣，"每一里种二亩秧，每一百户内共出人力挑运柴草烧地，更过再烧，耕烧三遍下种，待秧高三尺，然后分栽，每五尺阔五拢。每一户初年二百株，次年四百株，三年六百株。栽种过数目造册回奏，违者全家发云南金齿充军"。

沧州千亩枣林

（资料来源：沧州市志编纂委员会编，《沧州市志》，方志出版社，2006年）

作为沧州特产，明清时期漕船每年南返经过沧州时，都要带走大量金丝小枣到江南贩卖。清代规定，回空漕船（即空船南返）每艘可以携带梨枣等北方土特产品六十石，朝廷免税，沿途售卖作为漕丁盘缠之用。清人纪晓岚是沧州人，他曾在其著作《阅微草堂笔记》里记载："余乡产枣，北以车运京师，南随漕船以贩鬻于诸省，土人多以为恒业。"

沧州金丝小枣是畅销国内外的名贵果品，产区遍及沧州各地，如沧县、盐山、泊头、东光、河间等地。20世纪80年代以前，沧州金丝小枣的出口量占中国的一半以上，享誉东南亚乃至全世界。多年来，沧州的金丝小枣在国际市场始终处于特殊地位。经过长期的栽培和良种选育，形成了独具特色的地方名品，沧县也因此成为全国最大的金丝小枣生产基地。2004年8月4日，国家质检总局（现国家市场监督管理总局）发布公告，对沧州金丝小枣实施原产地保护。

枣与地名

中国很多地方都产枣，也因此诞生了很多与枣有关的地名。如河北的枣强，唐《元和郡县志》记载说，这里产红枣，故取"枣木强盛"之意。河北枣强、山东枣庄、湖北枣阳是国内几个比较大的含"枣"字的地名。因枣而命名的街巷和乡村更是数不胜数，北京城里就有枣林街、枣树胡同，通州区有枣林庄，大兴区有枣林村，等等。

参考文献

[1] 司马迁. 史记[M]. 北京：中华书局，1959.

[2] 范晔. 后汉书[M]. 北京：中华书局，1965.

[3] 脱脱，等. 辽史[M]. 北京：中华书局，1974.

[4] 脱脱，等. 金史[M]. 北京：中华书局，1975.

[5] 宋濂，等. 元史[M]. 北京：中华书局，1976.

[6] 张廷玉，等. 明史[M]. 北京：中华书局，1976.

[7] 郦道元. 水经注[M]. 陈桥驿，点校. 上海：上海古籍出版社，1990.

[8] 老乞大谚解[M]. 台北：台北市联经出版事业公司，1978.

[9] 陈子龙. 明经世文编[M]. 北京：中华书局，1962.

[10] 蒋一葵. 长安客话[M]. 北京：北京古籍出版社，1994.

[11] 刘侗，于奕正. 帝京景物略[M]. 北京：北京古籍出版社，1983.

[12] 王琼. 漕河图志. 续修四库全书本[M]. 上海：上海古籍出版社，2002.

[13] 王在晋. 通漕类编.《四库全书存目丛书》本[M]. 济南：齐鲁书社，1996.

[14] 吴仲. 通惠河志. 续修四库全书本[M]. 上海：上海古籍出版社，2002.

[15] 谢纯，等. 漕运通志[M]. 北京图书馆古籍珍本丛刊第56册.

[16] 解缙，等. 永乐大典[M]. 北平图书馆影印本，1941（民国30年）.

[17] 袁黄. 皇都水利[M]. 四库全书存目丛书本，济南：齐鲁书社，1996.

[18] 周之翰. 通粮厅志[M]. 明万历卅三年元刊本影印. 台北：台湾学生书局，1970.

[19] 汪砢玉. 古今鹾略[M]. 四库全书存目丛书本. 济南：齐鲁书社，

1996.

[20] 陈仪. 直隶河渠志 [M]. 影印四库全书本. 台北：台湾商务印书馆，1986.

[21] 顾祖禹. 读史方舆纪要 [M]. 影印本. 北京：中华书局，1955.

[22] 昆冈，刘启瑞，等. 钦定大清会典事例 [M]. 石印本.[出版地不详]：[出版者不详]，清光绪. 光绪二十五年，1899.

[23] 李绂. 穆堂别稿 [M]. 刻本.[出版地不详]：[出版者不详]，1748（清乾隆十三年）.

[24] 李钧. 转漕日记 [M]. 续修四库全书本，上海：上海古籍出版社，2002.

[25] 刘锡信. 潞城考古录 [M]. 清光绪五年（1879年）刻本.[出版地不详]：[出版者不详]，1879（清光绪五年）.

[26] 孙承泽. 天府广记 [M]. 北京：北京古籍出版社，1984.

[27] 王守基. 盐法议略 [M]. 北京：中华书局，1991.

[28] 吴邦庆. 畿辅河道水利丛书 [M]. 清道光四年刊本.

[29] 吴长元. 宸垣识略 [M]. 北京：北京古籍出版社，1983.

[30] 杨锡绂. 漕运则例纂 [M]. 刻本.[出版地不详]：[出版者不详]，[出版时间不详].

[31] 于敏中，等. 日下旧闻考 [M]. 北京：北京古籍出版社，1983.

[32] 张金吾. 金文最 [M]. 北京：中华书局，1990.

[33] 震钧. 天咫偶闻 [M]. 北京：北京古籍出版社，1982.

[34] 纪昀. 阅微草堂笔记 [M]. 武汉：长江文艺出版社，2019.

[35] 熊梦祥. 析津志辑佚 [M]. 北京：北京古籍出版社，1983.

[36] 顺天府志 [M]. 王熹校点. 北京：中国书店，2011.

[37] 河间府志 [M]. 影印本. 上海：上海古籍书店，1964.

[38] 蓟州志 [M]. 刻本.[出版地不详]：[出版者不详]，1524（明嘉靖三年）.

[39] 通州志 [M]. 刻本.[出版地不详]：[出版者不详]，1697（清康熙三十六年）.

[40] 蓟州志 [M]. 刻本.[出版地不详]：[出版者不详]，1704（清康熙

四十三年).

[41] 畿辅通志 [M]. 刻本 . [出版地不详]: [出版者不详], 1735 (清雍正十三年).

[42] 天津府志 [M]. 刻本 . [出版地不详]: [出版者不详], 1739 (清乾隆四年).

[43] 直隶遵化州志 [M]. 刻本 . [出版地不详]: [出版者不详], 1755 (清乾隆二十年).

[44] 武清县志 [M]. 刻本 . [出版地不详]: [出版者不详], 1742 (清乾隆七年).

[45] 宝坻县志 [M]. 刻本 . [出版地不详]: [出版者不详], 1745 (清乾隆十年).

[46] 沧州志 [M]. 刻本 . [出版地不详]: [出版者不详], 1743 (清乾隆八年).

[47] 长芦盐法志 [M]. 嘉庆间抄本 . [出版地不详] : [出版者不详], [出版时间不详].

[48] 蓟州志 [M]. 刻本 . [出版地不详]; [出版者不详], 1831(道光十一年).

[49] 重修天津府志 [M]. 刻本 . [出版地不详]: [出版者不详], 1899 (光绪二十五年).

[50] 宁河县志 [M]. 刻本 . [出版地不详]: [出版者不详], 1880 (光绪六年).

[51] 武清县志 [M]. 抄本 . [出版地不详]: [出版者不详], 1881 (光绪七年).

[52] 畿辅通志 [M]. 刻本 . [出版地不详]: [出版者不详], 1884 (光绪十年).

[53] 通州志 [M]. 光绪九年 (1883) 刻本, 光绪十五年 (1889) 增刻本 . [出版地不详]: [出版者不详], 1889 (光绪十五年).

[54] 光绪顺天府志 [M]. 北京：北京古籍出版社, 1987.

[55] 沧县志 [M]. 铅印本 . [出版地不详]; [出版者不详], 1933 (民国二十二年).

[56] 顺义县志 [M]. 台北：台湾成文出版社, 1968.

[57] 天津县志 [M]. 刻本 . [出版地不详]：[出版者不详]，1928（民国十七年）.

[58] 香河县志 [M]. 排印本 .[出版地不详]；[出版者不详]，1936（民国二十五年）.

[59] 鲍国之 . 长芦盐业与天津 [M]. 天津：天津古籍出版社，2015.

[60]《沧州风物志》编写组 . 沧州风物志 [M]. 石家庄：河北人民出版社，2009.

[61] 沧州地区文联，民研会 . 沧州地区民间故事选 [Z]. 内部资料，1986.

[62] 陈克 . 东鳞西爪天津卫 [M]. 天津：天津大学出版社，2015.

[63] 陈喜波 . 漕运时代北运河的治理和变迁 [M]. 北京：商务印书馆，2018.

[64] 陈喜波 . 运河上的古村落 [M]. 北京：北京联合出版社，2022.

[65] 程民生 . 中国北方经济史 [M]. 北京：人民出版社，2004.

[66] 董季群 . 天津天后宫 [M]. 天津：天津人民出版社，2012.

[67]《读者·乡土人文版》编辑部 . 读者·乡土人文版精选集 [M]. 兰州：甘肃人民出版社，2014.

[68] 方尔庄 . 河北通史（清朝下卷）[M]. 石家庄：河北人民出版社，2000.

[69] 傅崇兰 . 中国运河城市发展史 [M]. 成都：四川人民出版社，1985.

[70] 高巍 . 中国传统节日的文化研究及其实践应用 [M]. 北京：北京燕山出版社，2017.

[71] 高艳林 . 天津人口研究（1404—1949）[M]. 天津：天津人民出版社，2002.

[72] 郭味蕖 . 中国版画史略 [M]. 上海：上海书画出版社，2016.

[73] 河北科学技术出版社 . 河北特产风味指南 [M]. 石家庄：河北科学技术出版社，1985.

[74] 侯仁之 . 侯仁之文集 [M].（北京大学院士文库），北京：北京大学出版社，1998.

[75] 黄震尧，陈明希 . 中国名产 [M]. 北京：工商出版社，1981.

[76] 金恩忠. 国术名人录 [M]. 太原：山西科学技术出版社，2000.

[77] 林红. 北京风物志 [M]. 北京：北京旅游出版社，1984.

[78] 来新夏主. 天津皇会考·天津皇会考纪·津门纪略 [M]. 天津：天津古籍出版社，1988.

[79] 连阔如. 江湖丛谈 [M]. 北平：时言报社，1936.

[80] 刘春芽. 中国近代美术文化探寻与思考 [M]. 长春：吉林人民出版社，2019.

[81] 刘见. 中国杨柳青年画线版选 [M]. 天津：天津杨柳青画社，1999.

[82] 卢跃俊. 中国古代建筑大师名作赏析 [M]. 北京：北京工业大学出版社，2015.

[83] 彭卫国. 河北省非物质文化遗产图典（第4辑）[M]. 石家庄：河北美术出版社，2015.

[84] 平凡. 鸿雁于飞 [M]. 北京：中国言实出版社，2018.

[85] 孙家裕. 天津寻宝记 [M]. 北京：二十一世纪出版社，2017.

[86] 谭汝为. 天津方言与地域文化研究 [M]. 天津：天津人民出版社，2014.

[87] 唐涛，吴晓. 绘画艺术辞典 [M]. 呼和浩特：远方出版社，2006.

[88] 万籁声. 武术汇宗 [M]. 太原：山西科学技术出版社，2006.

[89] 王鹤鸣，等. 中国寺庙通论 [M]. 上海：上海古籍出版社，2016.

[90] 王鸣. 外语教学与语言文化 [M]. 天津：天津大学出版社，2011.

[91] 王振良. 九河寻真.2013[M]. 天津：天津古籍出版社，2015.

[92] 王智. 燕赵传奇民俗文化 [M]. 石家庄：河北教育出版社，2016.

[93] 严金海，朱纪平. 中国名特之都 [M]. 武汉：湖北辞书出版社，1994.

[94] 杨大辛. 津门古今杂谭 [M]. 天津：天津人民出版社，2015.

[95] 杨国新. 艺海拾零 [M]. 北京：大众文艺出版社，2008.

[96] 尹钧科. 北京郊区村落发展史 [M]. 北京：北京大学出版社，2001.

[97] 尹钧科，吴文涛. 历史上的永定河与北京 [M]. 北京：北京燕山出版社，2005.

[98] 袁玉梅，燕明先. 方言、地域文化与旅游文化综合研究 [M]. 长春：

吉林大学出版社，2011.

[99] 张岗.河北通史.明朝卷[M].石家庄：河北人民出版社，2000.

[100] 张利民.解读天津六百年[M].天津：天津社会科学院出版社，2003.

[101] 赵希斌.北京鸭研究[M].北京：科学出版社，1957.

[102] 甄光俊.天津戏剧研究[M].天津：天津人民出版社，2020.

[103] 周简段.神州轶闻录·美食篇[M].北京：华文出版社，1992.

[104] 中国人民政治协商会议天津市委员会、南开区委员会文史资料委员会.天津老城忆旧[M].天津：天津人民出版社，1997.

[105] 江幼农.名震世界的北京鸭[J].大众农业，1950（4）.

[106] 张银河.长芦盐母神话传说历史文化内涵研究[J].中国盐业，2017（3）.

[107] 邬美丽，崔显军.天津话拟亲属面称"姐姐"的社会分层研究[J].南开语言学刊，2017（1）.

[108] 云景魁，汪寿顺.天津话形成初探[J].天津师范大学学报,1996(3).

[109] 李世瑜，韩根东.略论天津方言岛[J].天津师范大学学报,1991(2).

[110] 高鹏.从"水神"到"盐神"——长芦盐区的盐业崇拜及对传统神祇的改造[J].华北水利水电大学学报（社会科学版），2018（2）.

[111] 佚名.吴桥杂技——大运河孕育的中外文化交流桥梁[J].中国产经，2020（24）.

[112] 韩红雨，邸枫."镖不喊沧"地方象征符号与乡村社会秩序[J].河北学刊，2012（4）.

[113] 侣童强.王毓宝."天津时调"的代名词[J].中国老年，2021（18）.

[114] 侣童强.毓秀钟灵 天津瑰宝——怀念天津时调表演艺术名家王毓宝[J].曲艺，2021（7）.